GONG ZUO JIANG FANG FA
LING DAO YOU YI SHU

工作讲方法
领导有艺术

刘玉瑛 ◎ 著

学党章党规、学系列讲话，做合格党员

新华出版社

图书在版编目（CIP）数据

工作讲方法　领导有艺术/刘玉瑛著
北京：新华出版社，2016.5（2025.3重印）
ISBN 978－7－5166－2475－3
Ⅰ.①工… Ⅱ.①刘… Ⅲ.①领导人员—工作方法②领导艺术 Ⅳ.①C933.2
中国版本图书馆 CIP 数据核字（2016）第 077594 号

工作讲方法　领导有艺术

作　　者：	刘玉瑛		
责任编辑：	赵怀志　沈文娟	封面设计：	臻美书装
责任印制：	廖成华	责任校对：	刘保利

出版发行：新华出版社
地　　址：北京石景山区京原路 8 号　　邮　　编：100040
网　　址：http://www.xinhuapub.com　http://press.xinhuanet.com
经　　销：新华书店
购书热线：010－63077122　　中国新闻书店购书热线：010－63072012
照　　排：新华出版社照排中心
印　　刷：大厂回族自治县众邦印务有限公司
成品尺寸：170mm×240mm　　　　　　印　张：12.5
字　　数：152 千字　　　　　　　　　版　次：2016 年 5 月第一版
印　　次：2025 年 3 月第三次印刷
书　　号：ISBN 978－7－5166－2475－3
定　　价：29.00 元

版权专有，侵权必究。如有质量问题，请与出版社联系调换：010－63077101

前 言

日前，中共中央组织部印发了《关于学习贯彻习近平总书记重要批示精神加强党委（党组）领导班子建设的通知》（以下简称《通知》）。《通知》指出，最近，习近平总书记就学习毛泽东同志《党委会的工作方法》作出重要批示，对各级党委（党组）领导班子成员特别是主要负责同志重温这篇著作提出明确要求。各级党委（党组）要充分认识习近平总书记重要批示的深刻意义，把《党委会的工作方法》纳入"学党章党规、学系列讲话，做合格党员"学习教育重要内容，在学习掌握科学的工作方法和领导艺术、学习掌握其中蕴含的政治纪律和政治规矩上下功夫，真正把握《党委会的工作方法》的基本思想，提高领导能力和水平。

习近平总书记为什么要求各级党委（党组）领导班子成员特别是主要负责同志重温《党委会的工作方法》这篇著作？这是因为在新的历史时期，党的领导水平和执政水平、党员干部的素质、能力与作风，还不能完全适应党所承担的各项历史任务的需要，还不能完全适应党中央治国理政的新理念新思想新战略的新要求。而毛泽东所著的《党委会的工作方法》所提出的十二种有效而正确的工作方法，会对解决这些问题提供有益的指导。

对于工作方法，毛泽东同志曾经打过一个比方："我们不但要提出任务，而且要解决完成任务的方法问题。我们的任务是过河，但是没有桥或没有船就不能过。不解决桥或船的问题，过河就是一句空话。不解决方法问题，任务也只是瞎说一顿。"

在这里，解决桥和船，是完成过河任务的工作方法。那么，什么是领导艺术？美国著名领导学专家威廉·科恩说："领导者的艺术就是找到行动。"找到行动，是体现领导艺术的方法。

如何解决"桥和船"？如何"找到行动"？《工作讲方法　领导有艺术》一书，就是为了解决这两个问题而撰写。本书对领导者的工作方法和领导艺术分别做了深入浅出的描述和论说。

我相信，读者通过本书的阅读，能够把握到工作方法的真谛，透悟出领导艺术的精髓，从而提升自身的工作能力和领导水平，更好地带领团队去实现领导目标。

本书在写作的过程中，参考了其他专家学者的一些相关论述，文中大多已经注明，在此不一一列举，谨在此一并表示感谢。

本书能跟读者见面，我得感谢新华出版社的黄春峰副总编。他为本书的"问世"付出了辛勤的劳动。

刘玉瑛

2016 年 3 月 27 日

目 录

前　言 …………………………………………………………… (1)

一、工作方法与领导艺术 ………………………………………… (1)
　（一）工作方法的内涵及其层次 ……………………………… (1)
　（二）领导艺术的内涵及其特点 ……………………………… (2)
　（三）工作方法与领导艺术的关系 …………………………… (4)

二、领导的基本工作方法 ………………………………………… (5)
　（一）抓两头带中间的工作方法 ……………………………… (5)
　（二）抓重点带全局的工作方法 ……………………………… (6)
　（三）从群众中来，到群众中去的工作方法 ………………… (7)
　（四）抓中心环节带动其他工作的工作方法 ………………… (8)
　（五）一般号召与个别指导相结合的工作方法 ……………… (10)

三、运用权力的方法与艺术 ……………………………………… (13)
　（一）认识权力的人民性，反对克服特权思想 ……………… (13)
　（二）敬畏手中的权力，用权不要玩权术 …………………… (20)
　（三）用权不仅要科学，更要讲艺术 ………………………… (23)

四、领导决策的方法与艺术 (29)
(一) 调查研究，发现问题，寻找差距 (29)
(二) 针对问题，明确条件，确定目标 (33)
(三) 集思广益，群策群力，拟定方案 (35)
(四) 未雨绸缪，科学预测，准备对策 (37)
(五) 权衡利弊，果断拍板，做出抉择 (39)

五、有效执行的方法与艺术 (44)
(一) 准确理解是执行的基础 (44)
(二) 执行时只能有一种声音 (46)
(三) 先做，做好，再做完美 (49)
(四) 用细节保证执行的结果 (50)
(五) 原则性灵活性有机结合 (52)

六、知人善任的方法与艺术 (54)
(一) 破除用人的心理误区 (54)
(二) 深谙知人的方式方法 (58)
(三) 把握用人的四个关系 (60)
(四) 培养人才的有效路径 (68)

七、群众工作的方法与艺术 (72)
(一) 群众工作的基本原则 (73)
(二) 群众工作的立场感情 (75)
(三) 群众工作的有效经验 (79)

八、沟通协调的方法与艺术 …………………………………… (85)
（一）与上级领导沟通与协调的关键 ………………………… (86)
（二）与下属群众沟通协调的要领 …………………………… (91)
（三）与同级同事沟通协调的方法 …………………………… (96)

九、思想工作的方法与艺术 …………………………………… (102)
（一）疏导的策略 ……………………………………………… (102)
（二）说理的经验 ……………………………………………… (107)
（三）谈心的技巧 ……………………………………………… (111)

十、班子团结的方法与艺术 …………………………………… (121)
（一）团结是班子力量之所在 ………………………………… (121)
（二）要真团结而不是假团结 ………………………………… (123)
（三）一把手必须善于当班长 ………………………………… (124)
（四）同级副职要能协作共事 ………………………………… (127)
（五）副职找准坐标支持正职 ………………………………… (129)
（六）与上级产生矛盾的化解之道 …………………………… (133)
（七）跟平庸型领导的相处之道 ……………………………… (135)
（八）应对嫉妒型领导的策略 ………………………………… (138)

十一、激励下属的方法与艺术 ………………………………… (141)
（一）领导激励的工作过程 …………………………………… (142)
（二）领导激励的基本原则 …………………………………… (144)
（三）领导激励的有效方法 …………………………………… (146)

十二、语言表达的方法与艺术 (151)
   - （一）语言表达艺术的内涵与特点 (151)
   - （二）语言表达艺术的原则与要求 (156)
   - （三）语言表达艺术的策略与选择 (169)

十三、处理复杂问题的方法与艺术 (176)
   - （一）正确认识复杂的问题 (176)
   - （二）抓住复杂问题的本质 (177)
   - （三）复杂问题有简单方法 (178)

十四、培养领导素质，提升领导艺术 (182)
   - （一）读书学习，完善合理的知识结构 (182)
   - （二）严以修身，培养高尚的道德品质 (186)
   - （三）善于思考，确立科学的思维方式 (189)

参考书目 (192)

一、工作方法与领导艺术

领导,人们耳熟能详,但领导工作的复杂性却未必为人所了解。事实上,领导工作的复杂性比任何教科书中写到的都要复杂。而要解决这些复杂的问题实现领导目标,领导者不仅要掌握科学的工作方法,更要掌握高超的领导艺术。那么,什么是工作方法?什么是领导艺术?它们两者之间有着怎样的区别与联系,这是我们首先需要搞清楚的问题。

(一) 工作方法的内涵及其层次

方法,按照词典上的解释,是指为获得某种东西或达到某种目的而采取的手段与行为方式。因此,所谓工作方法,是指人们在实践的过程中,为实现一定的工作目标所运用的各种手段、方法和程序的总和。工作方法体系一般分为两个层次:

第一,基本工作方法。基本工作方法是反映领导工作的一般规律,适用面比较广的工作方法。比如,一般号召和个别指导相结合的方法,从群众中来到群众中去的方法,调查研究的方法,抓主要矛盾带次要矛盾解决的方法,抓两头带中间的方法,等等。

第二,具体工作方法。具体的工作方法是一般工作方法的引申、展开和派生。它是适用于某些具体阶段、具体领域的领导工作的方法。它反映的是领导活动的特殊规律。如决策的方法、科学授权的方法、知人善任的方法，等等。

(二) 领导艺术的内涵及其特点

所谓领导艺术，就是领导者在一定知识、经验和辩证思维的基础上，在其履行领导职能或进行领导活动的过程中，富有创造性地运用领导原则、工作方法的才能和技巧。

领导艺术不是一种单纯的技巧，它是领导者的智慧、学识、胆略、经验、作风、品格、方法、能力的综合体现。它是建立在一定知识和经验基础上的、非程序化的、有创造性的领导技能。与领导工作方法相比，领导艺术具有以下突出的特点：

第一，创造性。创造性是领导艺术最重要的一种特征。领导艺术是一种非模式化的领导技巧，没有固定不变的模式，因此，领导干部处理问题，要能抓住问题的本质或矛盾的焦点，对准具有决定意义的关键环节，运用创造性的思维、创造性的方法，来解决问题。

第二，灵活性。领导艺术具有高度的灵活性。所谓灵活性，就是要因地域制宜、因单位制宜、因层级制宜、因条件制宜、因部门制宜当领导。或者说，领导干部在处理问题时，需要遵循一定的原则，但不能将这些原则当作僵死的教条，而是一切以时间、地点、条件、对象为转移，凭借广博的知识、丰富的经验灵活地运用领导原则和领导工作方法。

第三，多样性。领导艺术是一种不拘泥于某种固定模式的处理问题方法。不同的领导者在处理相同的事务时，有着不同的技巧；即使是同一领导者在处理类似的问题时，也会因时、因地采用不同的解决问题方法。

上面，我们简要介绍了什么是领导方法和领导艺术，下面的事实则会让我们形象地感悟领导方法和领导艺术。

1972年，美国前总统尼克松来我国进行正式访问之前，白宫发言人齐格勒专程来北京进行谈判，希望中国政府给予随行记者通过通讯卫星播发电视、图片、电讯等工作的方便，熊向晖受周恩来同志委派作中方主谈。因为当时中国还没有通讯卫星，所以，熊向晖按照总理的指示，请美方帮助租用一个通讯卫星。

齐格勒估计租金可能需要一百万美元，就建议中国政府不要花钱租，而由美国负担费用，中国只在北京、上海、杭州修建地面站就可以了。熊向晖觉得没花钱就办了事，很不错，便向周恩来同志汇报齐格勒的建议。没想到周恩来同志听了汇报之后，并没有表扬熊向晖，而是对他说："不要一听一百万美元就想缩头。这不是花多少钱的问题，这是涉及我国主权的问题，不能有丝毫含糊。"接着，周恩来同志叫熊向晖告诉齐格勒：

第一，请他负责为中国政府租用一颗通讯卫星，租用期是北京时间1972年2月21日凌晨1时至2月28日24时；

第二，在租用期间，这颗卫星的所有权属于中国政府，美国方面必须事先向中国政府申请使用权，中国将予同意，中国向使用者收取使用费；

第三，租用费和使用费都要合理，不做冤大头。

当熊向晖把周恩来同志的意见转达给齐格勒之后，齐格勒非常惊讶。他说："我第一次遇到这样既精明又自重的谈判对手。我完全接受中国政府提出的前两点办法。租用费一定很合理。可以设想，这两项费用之间会画个'等号'。我很佩服周恩来的精明，我更佩服周恩来处处注意维护中华人民共和国尊严的精神。"

阅读完这个故事，我们不难体会出什么是领导工作方法，什么是领导艺术。不言而喻，熊向晖的做法是一般的领导工作方法，而周恩来的做法则是高超的领导艺术。

(三) 工作方法与领导艺术的关系

广义地说，领导艺术也是工作方法；狭义地讲，领导艺术是领导者熟练地、创造性地运用工作方法的特殊才能和技巧。它们两者之间既有区别又有联系。

第一，工作方法和领导艺术的区别。工作方法的本质，是领导者所必须遵循和把握的那些实践规律和原则的总结，具有一定的时代性、条件性和规范性。而领导艺术不仅与领导者的实践经验有关，而且与领导者个人的素养、风格等密切相关，它是将领导工作方法加以熟练而巧妙地运用的结果，具有更多的非规范性。

第二，工作方法和领导艺术的联系。领导艺术中规范化的东西可以成为领导工作方法，而将工作方法加以熟练地运用，就可成为领导艺术。如"从群众中来，到群众中去"，学会"弹钢琴"都是基本的、重要的工作方法，如果将其熟练而巧妙地加以运用，就会成为卓越的领导艺术。总而言之，领导工作方法只有通过领导艺术才能体现出来，领导艺术则是以领导工作方法为前提的。

领导者要实行有效的领导，不仅要掌握领导工作方法，更要具有高超的领导艺术，这样才能创造性的完成各项领导工作任务，达到预期的领导工作目的。

二、领导的基本工作方法

领导的基本工作方法，反映了领导工作的基本规律，是带普遍性的处理问题的工作方法，它对不同层次、不同类别的领导者都有普遍的指导意义。了解掌握领导的基本工作方法，能为领导者把握具体的领导方法、提升领导艺术打下坚实的基础。

(一) 抓两头带中间的工作方法

抓两头带中间，就是把工作的重点放在抓先进和后进这两头上，由此带动中间环节。

事实上，事物的发展是不平衡的，任何单位的群众，在对问题的认识和工作态度上，都有先进、中间和后进这三种状态，而中间状态又总是占居多数。实践证明，抓好了先进这一头，能充分发挥先进的模范带头作用；抓好了后进这一头，能促使后进向先进转化。两头抓好了，中间也就带上去了。这是一种辩证的领导工作方法。领导者学习运用这种工作方法，需要注意以下几点：

第一，抓好先进。抓好先进，需要以事实作依据来确定先进，不弄虚作假；对先进要给予具体的帮助、指导及适当的表扬与鼓励，宣扬他们的先进事迹和经验；与此同时，还要使先进者有自知之明，能够认识到虽然是先进，但自身还存在着一些不足；要使先进者明白"满招损，谦受益"的道理，始终保持谦虚谨慎不骄不躁的作风，虚心向他人学习，不断取得新的进步。

第二，抓好后进。抓好后进，一定不能歧视后进，不能嫌弃后进。而应该主动到后进单位去做工作，主动接近后进群众，与后进群众建立亲密感情，交知心朋友；对后进单位和后进群众存在的问题，要实事求是地进行分析，找到问题的症结所在，并给出解决问题的办法；同时，要帮助后进群众克服自卑感，改变自甘落后的心理状态，树立赶超先进的决心和信心，当他们对自己的问题认识不足时，领导者要帮助他们提高认识；当他们把自己的问题看得过重、缺乏信心时，领导者要给以鼓励。而且，不能公开称他们为"后进"，不给他们戴"后进"的帽子；当后进变为先进时，领导者还要及时地予以肯定，热情地加以赞扬表奖。

第三，带动中间。抓两头的重要目的是要把中间带动起来。带动中间，领导者要向处于中间状态者介绍先进者的经验和后进者的教训，帮助他们克服甘居中游的思想，激发他们的荣誉感和上进心。

（二）抓重点带全局的工作方法

俗话说："牵牛要牵牛鼻子"。为什么牵牛要牵牛鼻子？有农村生活经验的人都知道，牵住了牛鼻子，牛就会驯服地跟着走。而把这个道理用在工作中，是比喻面对复杂的工作局面，抓住了重点，抓住了主要矛盾，一切问题就都迎刃而解了。这就是"抓住重点，带动全局"。那么，领导者在工作中如何"抓住重点，带动全局"呢？

第一，要明确什么是工作重点。领导者面对的日常工作是纷繁复杂的，如果不能明确什么是工作重点的话，就可能陷入到乱麻当中，理不清，搞不明。这势必影响到领导工作的开展，影响到全局工作的开展。可以说，不会抓重点，就不懂领导工作方法。

面对纷繁复杂的工作，领导者如何抓重点？每一阶段的工作，有每一阶段的工作重点；不同的地区，有不同地区的工作重点。领导者要抓住工作重点，就需要在调查研究、综合分析的基础上，从以下三个角度去寻找工作重点：

其一，从解决本单位存在的突出问题的角度去寻找，即寻找"瓶颈"。这些存在的问题不解决，就会影响到全局工作的开展，就会阻碍下一步工作的进展。

其二，从完成上级部署的工作要求的角度去寻找。上级部署的工作，是有明确要求的。这些要求是要坚决照办执行的。如果不执行，交不了差是小事，影响到全局的工作就是大事。

其三，从问题产生根源的角度去寻找。树皆有根，水皆有源，找到了根源，问题也就不难解决了。

第二，要在抓重点的同时，顾及其他。抓重点是为了带动全局的工作，但在抓重点的同时，还要顾及其他工作。而不能只抓重点而不管其他。如果不管其他，其他也可能影响到重点，影响到全局。要知道，有时蚂蚁也会绊倒大象。这就是说，"眉毛胡子一把抓"不对，"单打一"也不行。

(三) 从群众中来，到群众中去的工作方法

从群众中来，到群众中去，是一种重要的工作方法。什么是"从群众中来，到群众中去"？毛泽东同志说得很清楚："将群众的意见（分散的无系统的意见）集中起来（经过研究，化为集中的系统的意见），又到群众中去作宣传解释，化为群众的意见，使群众坚持下去，见之于行

动,并在群众行动中考验这些意见是否正确。然后再从群众中集中起来,再到群众中坚持下去。"

第一,从群众中来。从群众中来,就是将群众分散的无系统的意见集中起来化为科学的领导意见。也就是通过调查研究,集中群众的智慧和经验,摸清群众的愿望和需要,有事同群众商量,以形成切合实际的正确方针、政策、计划和办法。

从群众中来的过程,不是把群众的诸多认识简单地堆积和相加的过程,而是要经过领导者的"去粗取精,去伪存真,由此及彼,由表及里"的改造制作,使之上升为比较系统的理性认识。

第二,到群众中去。到群众中去,就是把集中起来的领导意见化为群众自觉的实践活动。也就是把吸取群众意见而形成的方针、政策、计划和办法,拿到群众中去作宣传解释,化为群众的思想和自觉行动,并在群众的实践中加以检验和发展。

到群众中去,既是实行方针、政策、计划和办法的过程,又是检验和进一步完善、发展、修正方针、政策、计划和办法的过程。

(四)抓中心环节带动其他工作的工作方法

抓住中心环节带动其他工作的工作方法,是指要善于从复杂的工作头绪中找到并且抓住最能影响全局,可以带动整个工作前进的中心环节。找准抓住了中心环节,就能把握住"整个链条",统筹全局,并以此带动其他工作,做到"纲举目张"。

毛泽东同志在《党委会的工作方法》中指出,既要抓紧中心工作,又要围绕中心工作而同时开展其他方面的工作,形成一种工作秩序,就好像弹钢琴,要产生好的音乐,十个指头的动作要有节奏,要互相配合。这就说出了抓中心环节带动其他工作的辩证关系。领导者学习运用这种工作方法，要注意以下几点：

第一，尊重中心环节的客观性。事物是复杂的。在复杂的事物中，哪一事物是中心环节，不是人们凭主观愿望来随意确定的，它需要从客观实际情况出发，根据客观事物本身的规律来确定。

第二，掌握中心环节的可变性。中心工作和一般工作在一定条件下可以相互转化，因此，应该随时把握这种变化，及时转移工作的重心，以适应新的工作要求。

第三，注意带动其他工作。抓中心环节一定不能忘记带动其他工作。应该根据中心工作与其他工作的联系，确定带动其他工作的方法，把各项工作一起搞上去，而不能顾此失彼。

请看当年邓小平同志是怎样运用这种工作方法的：

"文革"期间，我国经济已经濒临崩溃的边缘，社会秩序是十分的混乱，形势非常严峻。1975年初，邓小平同志复出之后，担任国务院第一副总理、中央军委副主席兼总参谋长等职，他立即以非凡的胆略提出整顿企业、整顿经济。

当时全国经济工作局面很混乱，各条战线都积累了大量的问题，整顿经济工作要从哪里开始，并不是一件很好确定的问题。如果从规模较小、影响不大的行业开始整顿可能容易取得成功，但是当时却选择了铁路、钢铁等国民经济最重要的行业开始整顿。

当时最难整顿的就是铁路和钢铁企业。这都是人员较集中的场所，是当时国民经济的重点，所以也是"四人帮"破坏的重灾区，当时造反派的头头多出在这两个行业。整顿就是从铁路开始的，选择最难的问题先来解决，这是小平同志一贯的工作作风。他请万里同志出任铁道部部长，就是想从整顿铁路秩序入手，全面整顿国民经济。

1975年2月中旬，邓小平同志召集谷牧、万里等同志到他家里谈整顿问题。他说，铁路是国民经济的命脉，特点是"高、大、半"（高度集中，大动脉，半军事化管理），所以整顿经济必须从整顿铁路秩序入手，并提出整顿内容与要求。

1975年2月，中共中央召开了解决铁路问题的各省、市、自治区党委主管工业的书记会议。邓小平在会上作了题为《全党讲大局，把国民经济搞上去》的讲话，并通过了《关于加强铁路工作的决定》，作为中共中央文件下发（即中央9号文件）。

邓小平重要讲话的传达和中央9号文件的下达执行，标志着1975年各条战线整顿工作的开始。会后铁道部部长万里率领工作组，先后在徐州等地，对问题严重的铁路局进行了重点整顿。集中解决领导班子问题，限期改正；到期不改，采取撤职、调离原单位等果断的组织措施，重新配备领导班子。法办了33个煽动闹派性、武斗、停工停产的坏人。经过一两个月的整顿，铁路运输的形势明显改观。全国铁路平均日装车数创造历史最高水平，列车正点率也大为提高。铁路整顿，带动了各行各业的整顿，全国工交生产和国民经济打破了停滞不前的徘徊局面。①

（五）一般号召与个别指导相结合的工作方法

一般号召与个别指导相结合，就是部署工作，阐明一般意见，发出一般号召之后，选择几个具体单位或部门，深入调查研究，详细了解那里的工作进展情况，并指导这些单位具体解决工作中的难点，借以取得经验，反过来对面上的工作做普遍性的指导。

使用这种方法，既能推动全局和指导面上的工作，又能从点上了解情况，发现问题，取得经验，然后，以点带面，推动面上的工作。

---

① 贺耀敏：《邓小平1975年整顿为何从铁路开始》，《老年生活报》，2007年4月20日。

毛泽东同志认为，一般号召与个别指导相结合的方法，是我们共产党人无论进行任何工作时都必须采用的方法。他在《关于领导方法的若干问题》一文中说过，任何工作任务，如果没有一般的普遍号召，就不能动员广大群众行动起来。但如果只限于一般号召，而领导人员没有具体地直接地从若干组织将所号召的工作深入实施，突破一点，取得经验，然后利用这种经验去指导其他单位，就无法考验自己提出的一般号召是否正确，也无法充实一般号召的内容，就有使一般号召归于落空的危险。领导者运用这种工作方法，需要注意以下几点：

第一，工作任务的部署，一般号召的提出，必须要符合客观实际情况，充分反映群众的愿望和利益诉求，代表人民群众的根本利益。而且，工作任务的部署，一般号召的提出，应该是明确的、具体的，而不能是一些空洞的概念和抽象的说法。

第二，个别指导要是真正的指导。一般号召与个别指导相结合的方法，是一般号召在前，个别指导在后，二者相辅相成，统一于具体的工作实践。那么，如何进行个别指导？毛泽东同志在总结1942年解放区各地整风的成功的经验时，对一般号召和个别指导相结合的工作方法的运用，对实现个别指导，曾经提出这样的具体要求："除一般号召外，必须在自己机关中和附近机关、学校、部队中选择二三个单位（不要很多），深入研究，详细了解整风学习在这些单位的发展过程，详细了解这些单位中若干个（也不要很多）有代表性的工作人员的政治经历、思想特点、学习勤惰和工作优劣，并亲自指导这些单位的负责人具体地解决各单位的实际问题，借以取得经验。"

毛泽东同志这些对个别指导的规范性的要求，在今天仍然具有重要的指导意义。领导者只有老老实实地深入于群众之中，直接地具体地做这些看来琐细的事情，一丝不苟，调查研究，分析综合，才能使一般号召和个别指导很好地结合起来，才能谈得上创造性地工作，从而达到预期目的。

第三，一般号召与个别指导相结合，必须以群众路线为前提。这就是说，只有从群众中来，才能形成一般号召，只有再到群众中去，对群众进行个别指导，一般号召才能得到检验、修正或补充，也才能形成新的一般号召。毛泽东在《关于领导方法的若干问题》中认为，一般号召与个别指导相结合的方法只是群众路线方法的一个组成部分。一般号召从群众中来，从个别指导中来，具体化为实践所需要的形式，并接受实践的检验，它才能发挥出重要作用；个别指导是一般号召的基础，离开了个别指导，一般号召就成了无源之水，无本之木，就有落空的危险，但只有当它接受了一般号召的指导时，它才是明确的、有效的。

三、运用权力的方法与艺术

这里所谈的权力，是法定性权力。所谓法定性权力，即是一个人因在组织结构所处的工作职位而获得的权力。这种法定性权力，是领导最为核心的要素。因此，领导者要提升工作能力和领导艺术，首先就要把握运用权力的方法与艺术。

（一）认识权力的人民性，反对克服特权思想

特权，就是特殊的权利。它的基本属性，是权利不受约束，不受制约，人与人之间不平等。

事实上，特权思想并非是领导者的专利，可以说，很多人都有特权思想，只不过是程度不同而已。张明楷先生在《刍议刑法面前人人平等》中说过："普通人大脑中的特权观念也并不淡薄。一些人恨特权，是恨他人具有特权，而不是恨特权本身，反而朝思暮想自己有特权；一些人自己没有特权，但在办事时又想找个有权力的人为他行使特权，一些学生在谈论平等问题时慷慨激昂，但放寒暑假在车站排队购买车票的时候，总是先看看队伍前面有没有自己的同学以便插队。"

尽管很多人都有特权思想，但是，领导者的特权思想却具有更大的危害性。

第一，特权思想会导致政策性腐败。所谓政策性腐败，就是有些单位和部门在制定"政策"的时候，考虑的不是国家的利益，而是本单位的利益；考虑的不是广大人民群众的根本利益，而是当权者自身的利益。用"政策"来为行业谋取私利，用"政策"来为个人赚取好处，以政策的形式，使腐败制度化，公开化，甚至合法化。

政策性腐败，是依托公权力对公共资源进行公开的掠夺。公权力，顾名思义，是一种公共权力，不是某个人的权力。人民将权力授予领导者的目的，是为了维护民众的利益和整个社会秩序的稳定。因此，作为公权力的执掌者，必须为公共目标而履职，为公众谋福利，而不能利用手中的权力为小集团和个人谋取好处。

政策性腐败，是蚕食执政党和政府公信力的罪魁祸首。执政党和政府的公信力，是执政党和政府获得社会公众认同、信任、追随的品质和本领。执政党和政府公信力的状态如何，直接关系到党的执政地位能否巩固的大问题。

执政党和政府公信力的获得，关键的要素就是公共政策的制定要符合广大人民群众的根本利益，满足人民群众日益增长的物质文化需求。如果制定的公共政策，仅仅是符合某个小集团或个人的利益，满足某个小集团或个人的物质文化需求，执政党和政府的公信力就会被蚕食。

政策性腐败，是导致社会不公平、不公正的主要原因。公平正义是人类理想实现的最高价值，是构建中国特色社会主义和谐社会的重要特征之一。要保障社会的公平正义，必须向政策性腐败说"不"，把这只大"老虎"除掉。否则的话，垄断就会发生，专权就会产生，既得利益集团就会诞生。

如果诞生了既得利益集团，将会给党的执政地位带来严重的威胁。苏共的失败有多种原因，但一个重要的原因，就是产生了既得利益集团，而既得利益集团又绑架了国家政策，从而造成了社会的极大不公平、不公正，最后导致了苏共的灭亡、国家的解体。苏共的惨痛教训值得我们汲取。

第二，特权思想会撕裂干群关系。领导者如果有特权思想，就会高高在上，严重脱离人民群众。

据《联合早报》2011年10月22日报道，"2011年10月17日有人和朋友'自驾游'，前往位于四川省阿坝藏族羌族自治州的四姑娘山玩。不料行经省道303线、汶川县映秀镇到耿达乡路段时，却突然被要求靠边停车。由于当天有领导车队要过，所以数百辆大小车只能靠右线道排成长龙停靠。近4个小时后才见到由警车前导的官员车队浩浩荡荡通过，民众的车辆才得以通行。"

我们不难想见人民群众在路上为"领导车队行注目礼"4个小时的心情；我们不难判断人民群众煎熬这4个小时的情绪。

水能载舟，亦能覆舟。严重脱离人民群众的领导干部，人民群众是不欢迎的，是要受到人民群众唾弃的。

第三，特权思想会催生不良的作风。当前，我们党的干部队伍的作风状态，总体上是健康向上的，但也存在着不少问题。这些问题的产生，有一个重要的原因，就是特权思想。

特权思想会让领导者唯我独尊，凌驾于群众之上。有的领导者自认为自己有功劳、有职位、有能力，便认为自己有"特权"，自己的行为可以不受任何约束。

特权思想会让领导者独断专行，凌驾于民主之上。这种不良的领导作风主要表现在"一把手"身上。他们把集中视为个人的权力，以个人的意志代替集体的意见，不论大权还是小权，统统揽在自己的手里，一个人说了算。稍有不同的声音，就视之为跟自己过不去。因此，顺我者昌，逆我者亡，成了本单位的"太上皇"。

特权思想会让领导者我行我素，凌驾于党纪国法之上。有着"河北第一秘"之称的河北省原国税局局长李真的所作所为,就给这种"特权"现象做了形象的注脚。

李真得志时,他的汽车在马路上行驶,从来没有红绿灯的概念。年纪大的警察都认识李真的汽车,见其闯红灯,也只能装作没看见,任其扬长而去。

一次,有位新警察刚刚上岗。他看见有一辆小轿车闯红灯,便上前示意停车,想纠正违章。

李真把车窗玻璃摇了下来,随口吐了这个警察一脸唾沫,然后驾车扬长而去。这个警察知道了李真的背景之后,是敢怒而不敢言。

李真为什么胆敢这样做?我们看看他自己临刑前说过的一段话:

"现在回头看,我过去做秘书时表现出的狂傲和做局长后的独断专行、无视制度、规定和法律等,表面上看是缺乏修养,实质上就是有特权思想。"[①]

中国有句俗话,叫作"小人得志便猖狂,最终必将自灭亡"。李真"自灭亡"了,但他的灭亡值得后人警醒。那么,握有实权的领导者如何反对和克服特权思想?

第一,要正确认识权力的公共性和人民性。马克思主义认为,在社会主义国家里,一切权力属于人民,领导者是人民权力的委托行使者,而不是权力的所有者。

中华人民共和国宪法明确规定:中华人民共和国的一切权力属于人民。执政党执政、领导者执政,都源于人民授权。

当年,有一个美国记者曾经问毛泽东同志:"你们办事,是谁给的权力?"毛泽东同志回答:"人民给的。""人民要解放,就把权力委托给

[①] 乔云华:《地狱门前——与李真刑前对话实录》,新华出版社,2004年10月版,第142页。

能够代表他们的、能够忠实地为他们办事的人，这就是我们共产党人。"

毛泽东同志的这段话有两层意思：一层意思是说，中国共产党人手中的权力是人民给的；另一层意思是说，人民为什么要给我们权力，因为我们中国共产党人能够忠实地为他们办事。

当然，毛泽东同志也说过，枪杆子里面出政权。但是，没有人民群众的支持，枪杆子里面是出不了政权的。陈毅同志就说过，淮海战役是老百姓用手推车推出来的。山东老区的群众讲，当年我们为了支援共产党闹革命，是"最后一粒粮，拿去交公粮；最后一床被，盖在担架上；最后一个儿女，送到咱队伍上"。老百姓为什么把最珍贵的东西"送到咱队伍上"，就是因为他们相信中国共产党能够代表他们，为他们谋利益。所以，他们把手中的权力交给了中国共产党人。

权力的公共性、人民性，决定了领导者手中的权力不是私有品。因此，领导者只能用这种权力来为人民服务，而不能用手中的权力来搞特权。

第二，要树立法律规则面前人人平等的理念。法规面前，人人平等。这是我国宪法明确规定的社会主义法治的基本原则。"人生来就是平等的，自然在身体和精神各方面平等地创造了人"。英国著名思想家霍布斯的话，深刻地道出了"每个人的人格平等，具有同等的权利这一重要的社会平等原则"。

既然每个人都有平等的人格，具有同等的权利，那么，每个人都应该平等地去遵守法律规则。

平等是法律规则本身的内在的要求。法律规则实质上就是存在于组织系统中相关成员之间的一种平等的契约关系。法律规则的制定设计，不是针对个别人，而是针对一般人。也就是说，它是一般人的行为规范。法律规则所预设的行为对象，不是特定事件，而是一般事件。法律规则的这种普适性特征，决定了法律规则的制定必须贯穿平等的观念。

在法律规则的框架之内，人人都可以自由活动；但如果背离了法律规则的框架，就要受到法律规则的惩处。

其一，平等意味着人的法律规则地位相同。我国宪法第三十三条明确规定："中华人民共和国公民在法律面前一律平等。任何公民享有宪法和法律规定的权利，同时必须履行宪法和法律规定的义务。"

在法律规则面前，人的地位是平等的。譬如，交通法规规定：红灯停，绿灯行。每一个社会成员在这一法规面前都要平等地遵守，而不能因为你是领导阶层，你就可以闯红灯。我国第一任公安部长罗瑞卿同志的一段逸事会让我们受到教育。

1950年春的一天，罗瑞卿同志去火车站接外宾。当他赶到车站时，火车已经到了。随行的老姚来不及去买站台票，就对检票员说："我们是公安部来的，来接客人。"检票员点点头，让罗瑞卿一行进了站。

在回来的路上，罗瑞卿忽然问老姚："你进站时买站台票了吗？""当时来不及啦！""那么出站时为什么不补票？""忘了。"

把客人送到招待所后，罗瑞卿便对老姚说："现在你就到车站去，补交三张站台票。公安人员应当做守法的模范，不能有特权思想。中国人有句古话：'不以恶小而为之，不以善小而不为。'要防微杜渐嘛！"

一张票虽然事小、钱少，但罗瑞卿却不因"事小、钱少"而疏忽大意。他知道"千里之堤，毁于蚁穴"；他知道在法规面前，人人平等。因此，他毫不客气地让随行的老姚补了票。这种认真遵纪守法、不搞特权的精神值得各级领导者学习。

其二，平等意味着任何人都没有特权。正当的法律规则，是公共利益的体现。它反映了绝大多数社会成员的意志。因此，任何组织和个人都没有超越法律规则的特权。任何超越法律规则的特权行为，都是背离了法律规则面前人人平等的原则。任何违反法律规则者都必须受到追究。

第三，牢固树立公仆意识。做人民公仆的思想是马克思在《法兰西内战》中总结巴黎公社经验时提出来的。以马克思主义为指导思想的中国共产党，也一贯强调"我们的一切干部，不论职位高低，都是人民的勤务员"，"都是为人民服务"的，都是人民的"公仆"。

领导者既然是人民的"公仆"，就要全心全意为人民服务。全心全意为人民服务，就要对人民群众要有真感情。对人民群众充满感情，是一种政治责任，是正确地价值取向，是全心全意为人民服务的根本要求。

事实证明，人民群众在领导者心中的分量有多重，领导者在人民群众心中的分量就有多重。焦裕禄、孔繁森，他们在世时，人民群众为什么信任他？他们离世时，人民群众为什么怀念他？就是因为他们的心中始终装着人民群众，与人民群众有真感情。

领导者既然是人民的"公仆"，就要尊重民权、顺应民意、维护民利。这是全心全意为人民服务的关键之点。

尊重民权，就是要尊重人民群众的知情权、表达权、参与权、监督权和发展权。"组织和支持人民群众参与管理国家事务、经济文化事业和社会事务，保证人民依法实行民主选举、民主决策、民主管理和民主监督。"

顺应民意，就是要把人民群众拥护不拥护、赞成不赞成、高兴不高兴、答应不答应，作为衡量一切工作的根本标准。在具体工作中，领导者要始终"把人民群众的呼声作为第一信号，把人民群众的需要作为第一选择，把人民群众的利益作为第一考虑"。

维护民利，就是维护和发展最广大人民群众的基本生活权益与民主政治权利。

领导者既然是人民的"公仆"，就要以人民的利益为重，用权不谋私利。《中国共产党章程》第一章第二条规定："中国共产党党员永远是劳动人民的普通一员。除了法律和政策规定范围内的个人利益和工作职权以外，所有共产党员都不得谋求任何私利和特权。"

(二) 敬畏手中的权力，用权不要玩权术

岑文本是唐朝宰相。史书上曾经记载过这样一个故事：

岑文本被皇上任命为中书令，负责起草朝廷的诏令。升官之后，他面带忧郁地回到家中。母亲见状，奇怪地问他："升官应该高兴，为何面有忧色？"岑文本告诉母亲："无功受禄，深感不安；责任重大，忧虑不已。"有人来向他表示祝贺。他说，我只接受安慰，不接受庆贺。

岑文本为何拜官而忧？原来他深知权力与责任的关系，为此他敬畏自己手中的权力。一个封建官吏尚且能有如此深刻的认识，我们新时期党的领导者更应该认识深刻，敬畏手中的权力，正确用好权力。

一般而言，领导者的权力运用有"讲艺术"与"玩权术"之分。如何区分是"讲艺术"，还是"玩权术"？简单说来，用权讲艺术，权力运用出于公心，权力运作公开透明；用权"玩权术"，权力运用谋于私利，权力运作秘而不宣。

权力运用"讲艺术"，还是"玩权术"，会有着不同的运用结果。

权力运用"讲艺术"，在领导活动中展现的是真、善、美的境界，赢得的是下属真心实意的追随；权力运用"玩权术"，在领导活动中渗透着的是假、恶、丑的阴谋，获得的是众叛亲离的结果。

这种不同的结果，注定了领导者在权力运用的选择上，应该选择前者而不是后者。不玩权术，也是权力运用的底线。

第一，用权讲艺术，不玩权术，用权就要出于公心。宋代著名思想家朱熹曾经说过这样一段话："官无大小，凡事只是一个公。若公时，做得来也精彩。便若小官，人也望风畏服。若不公，便是宰相，做来做

去，也只得个没下稍。"

朱熹的意思是说，做官无论大小，都要秉公办事。如果秉公办事，怎么做都精彩。即使是位低权小，人们也会望风畏服；如果不能秉公办事，即使是宰相，使尽各种手段和伎俩，也没有个好结局。

朱熹的话说得真是非常有见地。一个公道正派、用权出以公心的领导者，才能获得人民群众的认同、信任和追随。反之，他就会走向人民的反面，成为孤家寡人，甚至是成为人民的罪人。台湾的陈水扁就是如此。

陈水扁曾经是中国台湾地区的最高权力执掌者。但是，他自上台以来，就利用手中的权力来为他自己和他的家族谋取私利。以至于2006年5月23日他还在台上时，台湾的《经济日报》就发表了以"陈水扁下台吧，我们等不及了"为题的社论。提出"应当尽早把陈水扁赶下台去"。

社评说："他的诚信成为市井之间的笑柄，他已无法再承担人民的付托与崇高的地位；当他的抉择与举止，本身构成台湾向前发展的障碍，他所带领的团队，所作所为都与人民的期许背道而驰，不论于公抑于私，他已完全失去占据台湾之大位、运用人民的血汗钱与公权力的资格。"

社评认为，为了台湾2300万人民的身家幸福，台湾人民有责任全力以赴，不畏任何艰难，收回他们的付托，强迫不能为人民谋福祉的独夫离开这个神圣的职位。

现在的事实是，陈水扁已经被台湾人民赶下了台，并成为阶下囚。

第二，用权讲艺术，不玩权术，用权就要公开透明，让权力在阳光下运行。权力公开透明，权力在阳光下运行，便于人民群众有知情权，有利于人民群众监督，这是防止领导者腐败的一剂良药。

领导者用权接受群众的监督，并非是自己给自己套上紧箍咒，而是有益于自己少犯错误，甚至不犯错误。

2010年10月26日人民网曾经登载过"甘肃厅级董事长受贿千万，抱怨组织没有及时提醒"一文。文中说：

> 9月14日，备受社会关注的窑街煤电集团有限公司原党委书记、董事长李人志（正厅级）和妻子解亚玲受贿、巨额财产来源不明案，在甘肃省武威市中级法院公开宣判。法院以受贿罪、巨额财产来源不明罪，一审判处李人志死刑，缓期二年执行；以受贿罪判处解亚玲有期徒刑三年，缓刑四年。宣判后，李人志和解亚玲当庭没有提出上诉。

值得关注的是李人志在被绳之以法之后，写过《忏悔录》。在《忏悔录》中，他说了这样一段话：

> 我曾经有过美好向上的追求，也想做一个纯洁高尚的人，没想到如今却沦为一名罪孽深重的阶下囚。如果纪委、检察院能够定期不定期地对领导干部尤其是"一把手"进行预防腐败、廉政警示谈话，我就可能不会犯罪，即使犯了也会有所收敛，不会发展到今天这种严重程度。

我们看，李人志在走进犯罪深渊之后，抱怨组织上没有及时提醒他。

权力是有腐蚀性的，腐败是权力的影子。要消除腐败，权力必须在阳光下运行。

（三）用权不仅要科学，更要讲艺术

有人说，权力产生腐败。事实上，拥有权力并不必然产生腐败，滥用权力才是腐败滋生的根源。因此，领导者艺术用权，就要依法用权、以职用权、民主用权、科学用权。

第一，依法用权。依法用权，就是在法律、制度、政策的规定范围内行使手中的权力，而不能以言代法、以权压法，凡事自己说了算。因此，领导者在运用权力时，要养成遇事找法、办事依法、解决问题靠法的行为习惯。

在走向法治时代的今天，领导者可以挑战其他的权威，但绝不能挑战法律的权威。即使一个人位高权重，挑战法律的权威也是会受到惩处的。薄熙来、周永康、令计划、苏荣、刘铁男等，他们哪一个不是位高权重？但是，他们挑战法律权威的结果，则是为法律所严惩。

因此，领导者要确立法律至上的理念，在领导活动中，以法律为最高准则，严格按照法定权限和程序行使权力、履行职责。做到"法有授权，必须为；法不授权，不得行"。

第二，以职用权。所谓以职用权，就是在自己的职责范围内充分地行使权力。既不失职缺位，又不擅权越位。

领导者在使用权力时，先要明确自己的职责范围，并认真履行职责，但不能越位侵权。请看陈平的故事：

陈平，是汉文帝时的左丞相。一天，汉文帝上朝时，问右丞相周勃说："全国一年判决多少案件？"周勃抱歉地说不知道。文帝又问："全国一年钱粮收入和支出多少？"周勃又抱歉地说不清楚。周勃两问两不知后，既恐慌又羞愧，汗流浃背。

汉文帝见周勃回答不出，便又以同样的问题问左丞相陈平。陈平回答说:"这些事都有主管的人。"

文帝问:"主管人指的是谁?"陈平告诉文帝:"陛下如果问案件处理,可责成廷尉回答;陛下要是问钱粮收支情况,可责成治粟内史回答。"

文帝对陈平的这几句话,似乎有些不满,说:"既然每项事都有主管人,那么你所主管的事是什么呢?"

陈平见皇上面露不悦之色,忙谢罪说:"陛下不知道我才能低下,让我居宰相之位。所谓宰相,其职责是上辅皇帝协调阴阳,顺应四时;下使万物在合适的环境里发育成长;对外镇抚四方未开化之民族和诸侯,对内团结百姓,使卿大夫都能称职尽责。"听了陈平的这番话,汉文帝转不满为高兴,称赞陈平答得好。

右丞相周勃惭愧得无地自容,出来后埋怨陈平说:"你为什么平时不教教我怎样和皇上对答呢?"陈平笑了,说:"你身居宰相之位,不知道宰相的责任吗?如果陛下问长安城里有多少盗贼,你想硬编个数字回答清楚吗?这是办不到,也不必要的呀!"

陈平是智慧的,他智慧在清楚地知道自己的职责范围。也正因为如此,他才没像周勃那样尴尬,而让皇上龙颜大悦。

据史书记载,这件事之后,周勃认识到自己的能力太差,便借口有病请求辞职。这周勃还算有自知之明,他的能力的确太差。太差的表现不在于知不知道全国一年判决多少案件,也不在于知不知道全国一年钱粮收入支出多少,而在于知不知道自己的主要职责是什么。连自己该抓什么,干什么都不知道的人,还提什么做好本职工作呢?

作为现代领导者,应该从周勃的辞职中吸取教训,从陈平的经验中获得教益,明其职能,晓其责任,认真做好自己分内的工作。既防止自己越权,又防止被他人侵权。

第三,民主用权。民主用权,是指领导者在行使权力的过程中,要发扬民主，走群众路线，充分发挥人民群众当家做主的权利。民主用权，应该注意以下三个问题：

其一，不要滥用民主。民主的本质虽然是尊重民意的公共选择，但真正的民主是有边界的，是有明确的适用范围的，不能滥用。下面这种做法就是滥用民主。

2001年，甘肃省珉县某乡搞了一次"民主"选举的"劣迹人"活动。谁当选，就罚他的款。

中央电视台曝光此事时，有一位村民讲："他们就是纯粹在制造人民内部矛盾，也就是让农民一个猜疑一个，我想是他把我无记名投上的吧。他把我填的吧。我最后把他也填上。农民越填的多，人家收钱越多。"①

其二，不要搞形同虚设的民主。形同虚设的民主，是有民主之名，而无民主之实。民主只是走走过场而已。

某省一位副省级领导者落马之后。有记者曾问该省人大代表："问题官员"为什么能在人大获得高票通过？

这位人大代表说："当初人大在对他进行投票时，画票方式发生了变化。同意的不画任何标记，不同意的画'×'，弃权的画'〇'。主席台上的人都盯着你呢，你能动笔？所以拿到选票就直接扔进了票箱。他能不高票当选？"这就是形同虚设的民主。事实上，形同虚设的民主比没有民主还要糟糕。

其三，民主要在宪法和法律的框架下行使。2007年年底，贵州省锦屏县平秋镇圭叶村因一枚由本村村民发明刻制的"公章"而闻名全国。他们将刻有"平秋镇圭叶村民主理财小组审核"字样的印章分为五瓣，分别由四名村民代表和一名党支部委员保管，村里的开销须经他们

---

① "劣迹人的由来"，《焦点访谈》，中国中央电视台，2001年12月13日。

中至少三人同意后，才可将其合并起来盖章，盖了章的发票才可入账报销。这枚印章被网友称之为"史上最牛公章"。

对这枚"史上最牛公章"，有人说，它"体现权力的分立与制衡"。有人说，"它告诉我们民主该是个什么样子"。

应该说，"五合章"能取代"一支笔"，对于一个贫困的小山村来说，的确是一个很大的进步。但被分成了五瓣，而且没有在完整状态时备案的公章是否还有法律效力？却是我们应该思考的问题。

事实上，民主并非是谁想做什么就做什么，民主是法治中的民主，也就是要在法治的框架下行使民主权利。

第四，科学授权。授权，就是在科学决策之后，领导者授予直接被领导者一定的权力，以便被领导者能够相对独立、相对自主地开展有关的工作。

科学授权，是领导活动的必然要求，是领导者的分身术，是一种重要的工作方法与领导艺术。授权，能使领导者"一身变数身"，"一脑变多脑"，使自己从日常琐碎的事务中摆脱出来，从而腾出时间来议大事、抓协调、管全局。

诸葛亮为什么"出师未捷身先死"？一个很重要的原因就是他凡事独揽，不善授权。刘备死后，诸葛亮总是担心别人不能尽忠职守，因此，立了一条"罚二十以上皆亲览"的制度。事无巨细，一概由自己处理。有人曾劝他："治家之道，在于各司其职，如果凡事家主必躬亲，将形疲神困，终无一成。"但诸葛亮没有接受这一劝告，他说："吾非不知，但受先帝托孤之重，唯恐他人不似我尽心也！"

于是，他"寝不安席，食不甘味"，"夙夜忧叹"。结果，刚到 54 岁就去世了，留下了"出师未捷身先死"的遗恨。科学授权，需要注意以下几点：

其一，合法授权。所谓合法授权，就是领导者在授予下属权力时，其动机、目的、程序、途径等必须是合理合法的。

领导者授权的动机和目的，是为了调动下属的积极性，是为了提高领导工作绩效，而不是为了搞任人唯亲，为了逃避责任，为了甩包袱，图清闲；领导者授权应该按照一定的程序和正确的途径来进行，而不能随心所欲地将权力授给他人。

其二，视能授权。所谓"视能授权"，就是要根据被授权人的水平高低和能力大小来授权，让权力与能力相称，而避免以被授权人地位的高低、关系的远近和功劳的大小来授权。

人的能力类型是多种多样的，能力的大小也是不同的。视能授权，要求领导者一定要了解下属的能力类型，了解下属的能力大小，并把要授权的工作跟下属的能力相对应起来，选择能力相称的下属，授权给他去做。

在重视下属能力的同时，还要考虑其工作热情。一般说来，有能力，而且工作热情高的人，充分授权；有能力，但是工作缺乏热情的人，适当授权；工作有热情，但缺乏能力的人，可以给予鼓励，但不要授权。

其三，责权统一。领导者在授权时，一定要让被授权人明确自己所应担负的责任，做到权责一致。

责权统一的基本要求是：既不能让下级只承担义务和责任，而不提供权力保证；又不能只分配权力而不使其承担一定的义务和担负起一定的责任。正像有一句话所说的："有责无权责任负不了，责大权小责任负不好，责权对等才能干得好。"

其四，有效控制。领导者要把下属该做的工作授权给下属去做。但授权不能放任不管。

领导者在授权的同时，一定要明确工作准则，即考核方法、报告制度、监督办法，等等，对偏离目标的行为要做到有效控制。否则，就会出现放弃职权的现象。

明朝时，皇帝朱由校把大权交给了宦官魏忠贤。每当魏忠贤向他禀报事务时，朱由校总是说："你看着办吧，怎么办都行！"结果，导致魏忠贤在朝廷中遍设锦衣卫，肆无忌惮地杀戮重臣名将，造成了大批冤案。

四、领导决策的方法与艺术

决策,是领导者的主要职责,是领导者确定方针、策略的大计活动,是整个领导工作的关键与核心。毛泽东同志在《中国共产党在民族战争中的地位》一文中便说过:"领导者的责任,主要的是出主意,用干部两件事。""出主意"是决策,"用干部"也是决策,即使再民主,最后也需要领导拍板。邓小平同志讲:"我的抓法,就是抓头头,抓方针。""抓头头"是用人,"抓方针"就是决策。

所谓决策,就是决策主体为了解决某一问题,根据主客观条件,对未来的行动方案进行设计、选择,并做出决定的过程。领导者决策能力的强弱,不仅标志着他领导水平的高低,也关乎着领导目标能否实现。所以,领导者需要掌握决策的方法与艺术,科学、正确而有效地进行决策。而掌握决策的方法与艺术的关键,是要多谋善断。

所谓多谋,就是要通过调查研究、思考分析,善出主意,出好主意。所谓善断,就是要善于从多谋中选择正确而满意的方案。具体而言,要把握以下几方面的内容:

(一)调查研究,发现问题,寻找差距

任何决策都是从发现问题,寻找差距开始的。寻找差距,发现问题是决策的逻辑起点和解决问题的前提。而调

查研究是发现问题，寻找差距的一条主要的路径。调查研究是一个"深入了解民情、充分反映民意、广泛集中民智"的过程。

什么是问题？所谓问题，就是本地区、本部门的工作应该或可能达到的状态与现实状态之间的差距。如何才能发现问题，找到差距？答案是四个字："调查研究。"

当年，毛泽东同志就指出："没有调查，就没有发言权。"而习近平总书记则进一步强调："调查研究是谋事之基、成事之道。没有调查，就没有发言权，更没有决策权。"

毋庸讳言，任何一个地区、一个部门、一个单位都不是真空，都有许多问题存在，然而，却并非所有的问题都需要决策。因此，决策者面对通过调查研究获得的复杂纷繁的问题，应该善于发现必须需要决策的问题。如何发现必须需要决策的问题？

第一，界定问题。界定问题，就是要查明问题的性质、程度、范围等。确定它是现实问题还是发展中的问题，是全局问题还是局部问题，是能够解决的还是暂时无法解决的问题，等等。

第二，分析问题。分析问题，就是要找出问题产生的原因，是主观原因还是客观原因，是直接原因还是间接原因；并分析问题的存在会带来何种后果。

江苏省南通市当年的决策能够让我们形象地感悟决策中如何界定问题和分析问题。

南通市位于黄海南部，长江入海口北岸。总面积8001平方公里，总人口729.8万人（截至2013年年末），辖3市2县3区和南通经济技术开发区。

改革开放初期，南通作为14个开放口岸城市之一，迅速发展，与"苏、锡、常"并称"江苏四小虎"，为江苏"第一方阵"中的一员。

但是，到了20世纪80年代以后，南通渐渐掉下阵来。那几年，南通人说，我们是"经济玩不好，现实玩不好，实的玩不好"。"标兵离我们越来越远，追兵离我们越来越近"。

1994年，朱镕基任副总理时到南通考察，陪同考察的江苏省委书记陈焕友是南通人，朱镕基痛心地对陈焕友说："你要把你的家乡从垃圾堆里解放出来！"这句严厉的批评，让南通人刻骨铭心。

如何把南通从垃圾堆里解放出来？南通市委、市政府的领导同志开始进行调查研究分析。通过调查研究分析，他们认识到，南通之所以经济发展低速，政府工作低效，其深层原因是干部群众人心涣散、精神低迷。其中最棘手的，要算市民对党委政府缺乏信任感。

找到了问题之所在，就为决策确立了逻辑起点和解决问题的前提。因此，寻找重新振作南通人精神状态的突破口，就成为摆在世纪之初南通市委、市政府面前的一个现实问题。

他们回顾南通的历史发现，南通是一座人文资源厚重的历史文化名城，有"中国近代第一城"之美誉。早在张謇时代，南通已成为全国著名的"模范县"。在南通城市规划建设中，张謇先生自觉地将城市文化作为发展中的重要内容，创办了中国第一所师范学校、第一所纺织高校、第一所戏剧学校、第一所博物院，以及第一所气象台、养老院、戒毒所乃至流浪犬收留所等。美国《亚细亚》杂志曾经刊载过美国人萨雅慈对南通城市规划建设的评论："此等事业之光彩，诚可与欧美相颉颃，若求诸纯东亚之内地，实可惊异。"

这就说明，南通出现的经济社会发展滞缓的问题，不在客观条件的原因，而是主观条件的原因。于是，南通市委决定选择思想文化建设作为南通经济社会发展的突破口。南通市委、市政府认为："解放思想是实现区域跨越发展的法宝。""精神因素对经济社会跨越发展起到的独特的、不可替代的推动作用。"

正是这一正确的决策，进入21世纪之后，南通一步一个新台阶。

经济社会的发展不仅走在江苏省的前列,也走在了全国的前列。南通跨越赶超和全面协调为特征的发展道路,越来越引起人们的广泛关注,被誉为科学发展的"南通现象"。

2009年8月,有中央领导同志到南通调研,盛赞南通的科学发展做得好,是一个非常好的城市。

有媒体在报道南通现状时概括说:南通市初步呈现出生态效益与经济效益、社会效益同步提升的好形势。除了经济发展"满场彩"、生态建设"满眼绿",精神文明建设更是"满堂红"。

第三,筛选问题。筛选问题,就是把界定、分析的问题加以归类排队,根据轻重缓急,从中筛选出有价值的、需要解决的问题。这最后筛选出的问题,就是需要决策的问题。请看党的优秀县委书记焦裕禄同志在兰考的决策。

1962年12月6日,焦裕禄同志到兰考担任县委书记。当时的兰考,正是遭受连续三年自然灾害最严重的一年。风沙打毁了21.4万亩麦子,秋天的涝灾又淹死了30多万亩庄稼,盐碱地碱死了10万亩青苗,全县的粮食产量仅有5000万斤,下降到历史的最低水平。全县36万人,受灾群众就有193000人。兰考是百废待兴。

焦裕禄到兰考报到的当日,兰考正在召开三级干部会议。焦裕禄就利用这个机会向干部们做调研。12月9号,三级干部会议结束,焦裕禄就直奔各村落进行调研。在调研中,他听到这样的顺口溜:"每当风沙起,平地堆沙墟;日头正当午,家家灯不息"。他还了解到,兰考风沙、内涝、盐碱严重。历史上,黄河多次在兰考决口,大堤内形成了80多个风口、1600多个沙丘。大风起时,黄沙吞田封路、拔树倒屋、填井堵河、灭村绝户。据《兰考县志》记载,自咸丰五年以来的100多年间,就有63座村庄被黄沙掩埋。而且,兰考地势西高东低,坡洼相连,河系紊乱,遇雨便成一片汪洋。县委会上,焦裕禄同志讲:"沙丘没有林,有地不养人,有林就有粮,无林去逃荒。必须发展林业生产,把治沙治三害放在第一位,放在首位。"经过研究分析,他们筛选出了治风沙、抗内涝、斗盐碱的决策问题。

事实证明,这一决策问题事关兰考发展的基础和关键,事关老百姓的切身利益,是当时改变兰考面貌的关键而重要的问题。

(二) 针对问题,明确条件,确定目标

所谓决策目标,就是在一定的内、外部环境和条件下,在调查研究的基础上预测达到的结果。

无论解决什么问题,在开始解决这个问题之前,一定要先搞清楚解决这个问题的目标是什么。只有确立了正确的目标,其行动才有方向,其决策才有评估的标准。

决策目标的确定,不是随心所欲的。一般而言,决策目标的确立,要符合以下几个原则:

第一,明确而具体。决策要求有明确而具体的决策目标。如果决策的目标是模糊的,甚至是模棱两可的,则无法以目标为标准来评价决策方案,更无从选择决策方案。

第二,可以实现的。决策目标如果根本无法实现,那么,决策者所制定的目标就是不切合实际的,即使制定了,也是白白耗费了人力、物力和财力。

第三,有时间限制。决策目标的实现,还要有时间限制。没有时间限制的目标,不会激发人们的动力。

第四,具有适度性。决策目标应该既不能太高,也不能太低。应该高低适度。太高了实现不了,太低了目标很容易实现,没有挑战性。有人曾经把决策目标的设置比作摘桃子。桃子吊在空中,怎样才能调动人

的最大积极性呢？坐在地上举手可得，不行。因为目标太低，缺乏"挑战性"；跳起来摘不到，也不行。因为目标太高，会挫伤人的积极性。只有奋力跳跃方能摘到的高度，才是最合适的。这一点，可以用八个字来概括："伸手不及，跃而可获。"它能最大限度地调动人的积极性。

党的十八大提出的到"2020年全面建成小康社会"的战略决策目标，就体现了以上四个原则。

要全面建成小康社会，在经济发展上，"实现国内生产总值和城乡居民人均收入比2010年翻一番。"这是两个新指标：一个是经济总量指标，一个是人民生活指标。

2010年中国国内生产总值（GDP）为397983亿元，约合6.04万亿美元；2010年我国人均GDP是29992元，约合4736美元，那么，实现国内生产总值和城乡居民人均收入比2010年翻一番，人均GDP应该是人民币59984元，约合9472美元。这是明确而具体的目标。

有专家研究分析，按照我们现在的发展速度，"实现国内生产总值和城乡居民人均收入比2010年翻一番"，是完全可以实现的。

而且这一目标的实现，不是遥遥无期的，而是2020年，这就提出了具体的时间限制。

另外，这一目标的提出，也体现了适度性。"国内生产总值和城乡居民人均收入比2010年翻一番"，而不是跑步进入共产主义。

确定决策目标，除了要坚持上述四个原则，还要注意层次性问题、量化问题以及约束条件问题，等等。

层次性问题，就是确定目标要有层次结构，建立目标体系。如总目标下有若干个子目标，总分结合，相互衔接，共同形成整体功能。

量化问题，是说决策目标应尽可能数量化，有明确的数量标准，不空泛。

约束条件，是指实现目标的有关限制性规定。如某企业的决策目标是利润增长一倍。那么，决策者在制订这一目标的同时，就应在质量、规格、时间等方面做出限制性规定。只有在质量、规格、时间等方面达到一定要求的条件下实现了增长一倍的利润，才算达到了目标，否则，即使利润增长了一倍，也不能说是达到了目标。

（三）集思广益，群策群力，拟定方案

决策，仅仅确立了决策目标还不够。确立了目标，并不等于目标就能实现。要实现决策目标，还要有切实可行的措施、办法和途径。

因此，决策者在决策目标确定了之后，还要集思广益，拟定实现目标的方案。所谓方案，就是实现决策目标的各种措施、办法和途径的总汇。拟定方案，需要坚持以下三个原则：

第一，民主原则。所谓民主原则，就是发挥集体的作用，大家一起来想办法出主意。决策者一定不要怕群众提建议。事实上，提的建议越多，选择的余地就越大，方法措施就会更可行。也就是说，要从群众中来，到群众中去。什么是"从群众中来，到群众中去"？毛泽东同志说得很清楚："将群众的意见（分散的无系统的意见）集中起来（经过研究，化为集中的系统的意见），又到群众中去作宣传解释，化为群众的意见，使群众坚持下去，见之于行动，并在群众行动中考验这些意见是否正确。然后再从群众中集中起来，再到群众中坚持下去。"

从群众中来，就是将群众分散的无系统的意见集中起来化为科学的领导意见。也就是通过调查研究，集中群众的智慧和经验，摸清群众的愿望和需要，有事同群众商量，以形成切合实际的正确方针、政策、计划和办法。

第二，多样原则。所谓多样原则，是说决策者在拟定方案时，要考虑到多种可能，尽可能详细列举实现目标的措施、办法和途径；而且要

制定多种可供选择的方案。这是选择有效、正确方案的前提。

国内外决策理论都强调拟定多种可供选择方案的重要性,并把那种只有一种方案而没有选择余地的决策称之为"霍布森选择"。

霍布森是 16 世纪英国的一位做马匹生意的商人。他面对前来洽谈生意的顾客,总是说:你们买马或者租马都行,我的马匹价格优惠,但有个条件:只能在马圈门口挑选马。

原来,他的马圈虽然大,马匹虽然多,但马圈的出口却只是一个非常小的门。健壮的马、个头大的马根本出不去,能出去的只是那些瘦马和小马。

这实际上等于不准挑选。后人称这种没有选择余地的"选择"为"霍布森选择",并视为决策中的禁忌。

国外许多决策者常用这样一句话来提醒自己:"如果你感到似乎只有一条路可走,那很可能就是走不通的。"

事实证明,备选的决策方案多,可选择的余地就大,而决策成功的机会也就更大。

第三,创新原则。创新,是拟制实现决策目标方案的重要原则。决策者思考方案时,一定要有开阔的思维,并且富有创意。这样,才能找到别具一格的决策方案。

前面我们谈到,焦裕禄把治沙作为改变兰考面貌的决策主要目标。要实现这一目标,就要有实现目标的方案。焦裕禄是如何拟定治沙方案的呢?

为了找到治沙的方法,焦裕禄同志逐个地征求风沙勘查队同志的意见。有的说,挖防风沟;有的说,打防风墙;有的说,种树固沙。焦裕禄说,这些办法都很好,就是慢了点。我们看看受灾的群众,再想想我们的责任,能不能有更好的方法快一点?

这时,有人随口答道,我听一个林业大学的学生讲,国外有一种办法，沥青固沙。每亩地用 30 公斤沥青，再加上 95％的水，兑成乳液，用喷雾器喷到沙丘上来固沙。

焦裕禄听了，哈哈大笑："这个办法适合国外，不适合咱中国的兰考。我看办法还得到群众中去寻找。"

为了到群众中找到治沙的方法，焦裕禄来到了沙害严重的下马台。在下马台，一座长着青草、坟前长着小树的坟墓引起了焦裕禄的注意。原来，这座坟是当地农民魏铎彬母亲的坟。

据魏铎彬介绍，每当春冬，风沙就把他母亲的棺材板刮露出来了，让他很难过。后来，他利用一个早上的时间把地下的淤泥挖了出来，盖在坟上。结果，坟上长了小草，坟前他给栽上了树。

焦裕禄是蹲在地上跟魏铎彬交谈。听了魏铎彬的介绍，他一下子就站了起来。高兴地说，一个人一早上一个坟头，我们十几万人干上几年，一定会让沙丘变成良田。

焦裕禄把魏铎彬的经验带到常委会上进行讨论，一班人认为，这种办法可行，于是，他们就在下马台搞了一个月的试点。试点成功后，这种方法便在全县推广开来。他们还给这个方法取名为"贴膏药（盖淤泥）扎针（种树）"。

焦裕禄的治沙方案获得的故事，形象地诠释了决策方案所要坚持的以上三个原则。

（四）未雨绸缪，科学预测，准备对策

预测，就是预先看到前途趋向，以便预先准备应对各种可能性的对策。未雨绸缪，防患于未然。

法国未来学家 H·儒弗尔所言："没有预测，就没有决策的自由。""紊乱学"研究领域有一种"蝴蝶效应"理论：南半球某地的一只

蝴蝶偶尔扇动一下翅膀所引起的微弱气流,几个星期之后可变成席卷北半球某地的一场龙卷风。这种由一个极小起因,经过一定的时间,在其他因素的参与作用下,发展成极为巨大和复杂后果的现象称为"蝴蝶效应"。

决策,也必须注意这种蝴蝶效应。否则,一个极小的起因,会引起巨大和复杂的后果。比如,有一段时间,某地区治理超载,结果引起了当地副食品价格的上涨。最后,不得不对运输副食品车辆的超载问题睁一只眼,闭一只眼。

实践证明,要实现决策目标,不仅需要有具体的途径和措施,还必须未雨绸缪,完善对策,以解决在达到目标的途径中可能出现的潜在问题、突发问题。

决策实施过程中,有些问题虽然是潜在的、突发的,但对决策目标的实现会构成致命的伤害,会使决策功亏一篑。因此,在决策的过程中,决策者还必须考虑到实施决策时会出现的问题,以保证决策目标的顺利实现。

读过《三国演义》的人都知道火烧赤壁的故事。故事中,火烧曹营是决策的目标,连环计、苦肉计、反间计则是具体的途径。

要说这决策目标不错,三条计策的途径也非常好。但是临作战的前几天所刮的西北风却不利于决策目标的实现,因为曹营在江北。所以,目标再具体伟大,途径再巧妙也于事无补,必须运用对策来解决这一问题。

诸葛亮的借东风就是对策问题。后人曾作诗评论说:"七星坛上卧龙登,东风一夜江水腾。不是孔明施妙计,哪有周瑜逞才能。"

可见,即使决策目标正确,途径措施无懈可击,但缺少必要的对策,也往往是功亏一篑。这就是人们常说的"万事俱备,只欠东风。"

科学预测不是算命。它是建立在丰富的阅历、渊博的知识、深入的调查、缜密的分析判断基础之上的。

预测要能见微知著,见一叶而知秋。预测要能坚持辩证唯物主义的立场,对所获得的决策相关信息去伪存真,透过现象看本质。

《韩非子·喻老》曾经记载过这样一个故事:春秋时,楚庄王准备讨伐陈国,便派使者前去侦察陈国的情况。使者侦察后回来报告说:"陈国是不能讨伐的,因为它城墙高,护城河深,积蓄的财物多。"大臣宁国听了他的话,却认为,可以攻打陈国。他向楚庄王分析说:"陈国,是个小国家,而它积蓄的财物却很多。这表明它的赋税重,老百姓一定对国君怨恨不满了。城墙高,护城河深,则民力肯定疲惫不堪了。此时派兵攻打它,一定能够大获全胜。"庄王接受了宁国的建议,遂夺取了陈国。(原文:楚庄王欲伐陈,使人视之。使者曰:"陈不可伐也。"庄王曰:"何故?"对曰:"其城郭高,沟洫深,蓄积多也。"宁国曰:"陈可伐也。夫陈,小国也,而蓄积多,赋敛重也,则民怨上矣。城郭高,沟洫深,则民力罢矣。兴兵伐之,陈可取也"。庄王听之,遂取陈焉。)

这里,信息情报相同,但由于见识的高低深浅不同,便得出了截然相反的决策意见。可见,收集的信息要准确、全面,但全面、准确的信息还需要正确的分析。只有正确的分析,才能去伪存真,由表及里,透过现象看本质,做出科学的决策来;否则,偏听偏信,或为表面现象所迷惑,决策就会失误。

(五)权衡利弊,果断拍板,做出抉择

决策的目的,总是希望尽量减少投入与损失,获取最大产出和效益。但是,任何决策都不可能十全十美,往往是利与害并存。因此,它需要决策者权衡利弊得失,做出最终抉择。

事实上,"作决策最重要的不是具体的准则和方法,而是在复杂的

情况下权衡各种影响因素，并以最为智慧的方式做出抉择的能力。"[1]也就是"善断"。

怎样才能善断？毛泽东同志讲："多召集几个会议商量，然后才能有断，所断便是善断。"

一般说来，"善断"有两个衡量要素：一是断得正确；二是断得及时。两者缺一不可。邓小平同志说："机会要抓住，决策要及时。"

面对着不同的决策方案，怎样才能断得正确？断得及时呢？决策者要断得正确，断得及时，应该注意以下几点：

第一，审时度势，着眼全局，考虑长远。前人云："不谋全局者，不足以谋一域；不谋万世者，不足以谋一时。"这前一句话说的是全局性，后一句话说的是长远性。目无全局的将军，即使是暂时争得了一城一地，最终也难免陷入失败的境地。

土地革命战争时期，"左"倾冒险主义者就是因为不懂得着眼全局、考虑长远的大道理，主张"不丧失一寸土地"，反对一切必要的退却，结果造成了全局的失败。而毛泽东同志懂得"审时度势，着眼全局、考虑长远"这个大道理，因此，他领导全国人民建立了新中国。"西安事变"释放蒋介石，就是审时度势，着眼全局的一个典型案例。

审时度势，着眼全局，考虑长远，要求决策者仔细、认真地观察、研究现状，正确地估计事物的发展变化趋势，站在全局的高度，以前瞻的角度来观察、思考和处理问题。

我们强调全局利益、长远利益的重要，并不是对局部利益、近期利益的否定。这里有个如何认识和处理全局和局部关系的问题。

全局，指事物的整体及其发展的全过程；局部，指构成事物整体的各个部分、各个方面及其发展的各个阶段。

---

[1] 李开复：《选择的智慧》，《领导文萃》，2007 年第 9 期。

全局是由一个个不同层次的局部所组成，全局制约局部，而局部又影响全局。在局部与全局发生冲突时，要果断地舍弃局部，抓住重点，保证全局。这就是邓小平同志所讲的，小道理要服从大道理。小道理为什么要服从大道理？因为大道理是纲，小道理是目，纲举目才能张。汉朝人桓谭在《新论》中说："举网以纲，千目皆张；振裘持领，万毛自整。"这句话的意思是说，打鱼时，抓住网上的大绳，网眼就张开了；整理皮裘时，抓住领口一抖，毛就理顺了。

"大道理"就是渔网上的"大绳"，皮裘的"衣领"。纲举目才能张开，持领毛才能齐整。决策中，只有用"大道理"管住"小道理"，才能从根本上把握决策的宏观方向。

当然，在局部利益可能导致全局利益失败时，决策者又要高度重视局部利益。

因此，决策既要能体现党的方针政策要求，又要坚持实事求是，同本地区本部门的实际情况相结合；既要考虑局部利益，又要考虑全局利益；既要考虑近期目标，又要考虑长远规划。

第二，"三圈理论"，正确把握，全盘考量。正确决策的基本要求是要做到六个字：科学、民主、可行。怎样才能做到这六个字？是否有一把尺子可以衡量？美国哈佛大学肯尼迪政府管理学院的教授们推崇的"三圈理论"，就是一把衡量的尺子。

所谓"三圈理论"，就是决策者在决策的过程中，必须充分考虑价值、能力与支持这三个因素的相互统一。为什么这三个因素的相互统一被称为"三圈理论"？因为人们通常用三个圆圈来标示着"价值、能力与支持"。

其一，是价值。考量该决策方案的目标能否体现公共价值，是不是以公共利益作为决策方案的最重要诉求；能否体现"三个符合"，即符合中央精神，符合本地本部门实际，符合广大人民群众的愿望和要求。

其二，是能力。考量决策方案的实施与执行中的约束条件，即达到决策目标的人、财、物条件是否具备。决策目标再好，如果实施与执行中的约束条件存在问题，也难能达到目标。

其三，是支持。考量决策方案所涉及的利益相关者的态度与意见。也就是利益相关者的支持度如何。所谓利益相关者，涉及三部分的人：受益者、受损者和中间人。

为什么要考量这三点？因为对价值圈的质疑能够使决策目标更趋合理；对能力圈的重视能使决策者认清实现决策目标的主客观条件；对支持圈的关注能够让决策者以更加公平、公正的方式来整合不同群体的利益诉求。

第三，围绕目标，选择方案，做出抉择。在决策中，决策者有时候会遇到这样的问题，两个或更多的方案在"价值""能力""支持"上都没有问题，那如何取舍？答案是：选择决断方案，首先要从决策目标出发，也就是要看决策的方案与决策目标的贴近度如何。

天津"引滦入津工程"，就是根据这一标准做出的抉择。

1981年5月，中央决定密云水库要确保北京用水，今后不再为天津供水。天津市用水，要靠滦河下游的潘家口水库来解决。

潘家口水库位于河北省的迁西县境内，距离天津市区有几百华里。通过什么路线，把水引到天津？当时有两个方案。

一是南线方案：引水河道由潘家口水库出发，一直向南，经迁安县、滦县，直奔唐山，再由唐山，把水引到天津。

南线工程，于1975年上马，施工已有5个年头。如果再投入一些力量，工程可以较早完成，有利于解决天津缺水之急。并能同时兼顾天津、唐山以及河北省沿水道地区的用水问题。

二是北线方案：引水河道由潘家口水库出发，向西穿过燕山山脉的几座山到遵化县，经黎河，输入于桥水库，然后利用旧有的蓟运水道，再加新开挖的引水渠道，把水引到天津市区。

北线工程比较困难。要勘测、设计，并要打通施工难度极大的引水隧洞。再加上各种配套工程，施工的周期将会很长。

是选"南线方案"，还是选"北线方案"？天津市的决策者面临着选择。

赞成选"南线"的人认为，天津与唐山合用一个水道，可以节省投资。

主张选"北线"的认为，"引滦入津工程"的根本目的是确保天津用水。南线方案虽然可以少建一条引水渠道，节省投资，但因为天津处于南线水道的最下游，供水问题得不到确实保障。因此，根据决策目标的要求，"引滦入津"只能选北线方案。

最后，天津市的决策者选择了北线方案。后来的事实证明，天津市选择"北线方案"是正确的。

第四，权衡利弊，避免陷阱，果断拍板。权衡利弊的根本原则是"两利相衡取其重，两害相衡取其轻"；也就是："害大取小，利中取大。"利害如何确定？主要看决策目的或决策目标的价值取向。

决策者在拍板决断时，不仅要权衡利弊得失，还要避免决策陷阱。决策有许多陷阱，但从拍板决断的角度看，主要是避免"尽善尽美"的决策陷阱。因为绝对完美的决策追求，容易使领导者在犹豫徘徊中失去发展的优势和机遇。尤其是在危机决策时，更是如此。例如：

在2003年12月23日中石油川东北气矿井喷事故中，川东钻探公司总工程师、应急指挥中心主任吴华，就是因为不能"权衡损益风险，决策当机立断"而被判处有期徒刑4年。

所以，决策者在决策时，不要去追求尽善尽美的决策。而应该权衡利弊得失，去寻求正确而满意的决策。所谓正确而满意的决策，就是决策者在价值、能力与支持这三个方面寻求某种平衡的一种结果。

五、有效执行的方法与艺术

组织的兴衰成败，取决于两大因素：一是决策是否正确；二是执行是否到位。决策的正确并不能保证组织的成功，成功的组织一定是在决策正确和执行有力上都到位。如果用两个公式来表示的话，那就是：100（决策）×0（执行）＝0；0（决策）×100（执行）＝0。换一句话讲，正确的决策，需要有效的执行。领导决策，就是通过执行而获得决策效果的。那么，面对上级的决策，如何才能有效执行呢？关键要记住六个字：真知，笃行，求效。

(一) 准确理解是执行的基础

执行，首先要正确地理解上级的决策。执行者在吃透精神、系统把握的基础上，坚决而忠实地予以执行。否则，理解错误，或者断章取义，就会南辕北辙。南辕北辙，即使执行者再卖力气，再下功夫也是一个失败的结果。

清朝雍正年间曾经发生过这样一件事：有一位名叫童华的人，从浙江调到苏州为知府。当时，皇帝下诏书，要清查自康熙五十一年（1712年）以来江苏地区拖欠的一千二百余万的税款问题。

江苏巡抚接到圣旨，认为应该严加追缴。于是，就要求欠税的人几天内要缴清，否则，就予以逮捕。结果抓了一千多人。

童华请求宽限。巡抚大怒。斥责他说："你敢违抗圣旨吗？"童华说："我不是违抗圣旨，而是遵循执行圣旨。皇上知道有多年的欠税问题，他没有下令严加追查，而是下令清查。清查就是想弄清来历，查明原因。拖欠税款的原因是在官府呢，还是在民间？是应该征收的，还是应该减免的？搞清楚之后，奏请圣上裁决，这是圣旨的本意。现在如果我们不弄清楚圣上的本意，就要求老百姓将拖欠15年的税款马上交清，这是横征暴敛，不是清查。现在请您宽限我三个月，我们将情况搞清楚，登记造册，逐级上奏圣上。"（《清史列传·童华传》原文："华非逆旨，乃遵旨也。皇上知有积欠，不命严追，而命清查，正欲晰其来历，查其委曲，或在官，或在民，或应征，或应免，了然分晓，奏请圣裁，诏书意也。今奉行者绝不顾名思义，徒以十五年积欠力求完纳，是暴征，非清查也。今请宽三月限，当部居别白，分牒以报。"）

巡抚答应了他的请求，释放了一千多人。并将江苏欠税的情况登记造册上奏朝廷。

当时，朝廷也听说江苏巡抚严查的事情。皇上很生气，下令要严加处理。后来听说巡抚改正了原来的做法，才赦免了他。圣旨的本意果然像童华所说的那样。

显而易见，在如何落实执行圣旨的问题上，巡抚与知府之所以出现严重的分歧，其原因就在于对皇上的旨意有着不同的理解。

巡抚认为"清查"，就是要严加追究；知府认为"清查"，是弄清来历，查明原因。

按照巡抚的理解，必定会造成横征暴敛、民怨沸腾、政局不稳的严重后果。幸亏童华说服了巡抚，让他纠正了落实执行中的错误行为。

(二) 执行时只能有一种声音

决策时，可以有多种声音，大家集思广益；但在执行时，只能有一种声音：坚决服从，令行禁止。服从，就是执行者在执行的过程中，不问为什么要我做，只想怎么做，怎么把它做好。

作为执行者，其服从，就是要服从上级，服从组织，服从制度，自觉地接受上级的管理，接受上级的领导。

如果是党员执行者，服从，就是要做到个人服从党的组织，少数服从多数，下级组织服从上级组织，全党各个组织和全体党员服从党的全国代表大会和中央委员会，坚决执行上级党组织的决定。

"四个服从"，最根本的就是全党服从中央。这就要求党员执行者从党性原则、人民利益的高度出发，在思想上政治上行动上同党中央保持高度一致，坚决服从中央的统一领导，决不能有令不行，有禁不止，搞阳奉阴违。

刘少奇同志《在扩大的中央工作会议上的报告》中曾经讲过下面的话：

> 有一个地方的党组织，曾经写信给中央说，他们要服从上级，但是，常常遇到这样的问题，如果服从了当地上级的规定，就违反了中央的政策；如果服从了中央的政策，就要违反了上级的规定。这个党组织要求党中央回答，他们应该服从哪一个上级？
>
> 这个党组织提的问题很重要。它所以提出这样的问题，就是因为某些地方，在执行中央政策和国家计划中存在着分散主义，就是因为在那里有一些同中央政策和国家计划相抵触的规

定。怎么解决这个矛盾呢？唯一的道路，就是全党都要服从中央。①

"党员个人服从党的组织，少数服从多数，下级组织服从上级组织，全党各个组织和全体党员服从党的全国代表大会和中央委员会"，是《党章》的规定，这种服从是无条件的服从。

组织、多数、上级、中央的决策正确时自然要服从，如果不正确，或不完全正确，怎么办？《党章》规定："对党的决议和政策如有不同意见，在坚决执行的前提下，可以声明保留，并且可以把自己的意见向党的上级组织直至中央提出。"

这就是说，在行动上必须服从，但可以向上级直至中央反映不同的意见，也可以保留个人的意见。这就是党的政治纪律和党内规矩。请看当年刘志丹是怎样做的：

1935年10月，在王明"左"倾冒险主义统治党中央期间，西北根据地内发生了后果十分严重的"肃反"事件。刘志丹也成了肃反的对象。

10月6日，正在前线的刘志丹无意间从瓦窑堡后方领导机关来的一位通讯员的手中接到一封急信。他打开一看，竟是逮捕密令。密令逮捕陕甘边苏维埃政府主席习仲勋和原红二十六军、红二十七军大部分领导人的名单，他被列在第一名。

刘志丹对"左"倾冒险主义者这种迫害同志的卑鄙行径非常痛恨，但是为了不使党分裂，不使红军自相残杀，不给敌人以可乘之机，他决定把个人的安危置之度外。他把信交还通讯员后说："你把信送去，告诉他们，我自己去瓦窑堡了。"

---

① 刘少奇：《在扩大的中央工作会议上的报告》，《刘少奇选集》下卷，第407页。

他本想向中共中央驻西北代表团提出申诉，但他来到瓦窑堡之后，竟被"左"倾冒险主义者不容分辩地投入监狱。直到毛泽东、周恩来同志率领中央红军到达陕北根据地，刘志丹同志才重获光明。

当刘志丹伤痕累累地回到家时，他的妻子同桂荣哭着骂"左"倾分子太残酷无情。刘志丹劝她不要伤心，说这是党内矛盾，内部问题，不是敌我矛盾。

同桂荣说："不是敌我矛盾还把好人朝死里整哩，你有刀有枪，为什么不和他们斗争？"

刘志丹严肃地对她说："怎能这样说！这是党内问题。我们红军不能自相残杀。"

同桂荣问刘志丹："那你为甚不跑开，偏要来瓦窑堡。"刘志丹说："当时情况复杂，如果我带大队兵马离开，风声一走漏，军心会大乱。如果在军团部逮捕我，警卫人员会动武。所以我一人骑马离开部队到瓦窑堡与他们进行说理斗争，这就避免了党和军队的分裂，没给敌人以可乘之机。"

他还告诉同桂荣："党内问题不必性急，要忠诚为党工作，让党在实际行动中鉴定每个党员。大家不要再记前仇，应该想大局，想团结，在党中央的领导下，把革命工作做好，再不要提这回事了。"[①]

刘志丹真的是坚决执行上级党组织的决定、维护党的团结统一的典范。他明明知道前往瓦窑堡凶多吉少，但为了避免党和军队的分裂，他对上级的决定还是在行动上坚决地服从。

2015年10月18日《中国共产党纪律处分条例》（以下简称《纪律处分条例》）修订印发。《纪律处分条例》第46条规定，"妄议中央大政方针，破坏党的集中统一"属违纪行为。为什么禁止妄议中央大政方

[①] 王元慎："妻子心中的刘志丹"，《纵横》，2008年4月16日。

针？中纪委法规室的一位领导同志回答了这个问题。他说，党中央在制定重大方针政策时，通过不同的渠道和方式，充分听取有关党组织和党员的意见建议，但有些人"当面不说、背后乱说"，"会上不说、会后乱说"，"台上不说、台下乱说"，实际上不仅扰乱了人们的思想，有的还造成了严重后果，破坏了党的集中统一，妨碍了中央方针政策的贯彻落实，也严重违反了民主集中制的原则。无疑，应当按《条例》第46条规定给予相应的处分。

这就告诉党员领导者，中央大政方针确定之后，就要坚定不移地服从，并贯彻落实执行到位，而不能"妄议"，"妄议"就违反了党的纪律。违反了党的纪律将会受到相应的处分。

（三）先做，做好，再做完美

服从，不是口头上的服从，而是要雷厉风行地去执行上级的决策。《孙子兵法》中有一个重要的原则，就是"兵贵神速"。执行上级的决策，要先做，再做好，再做完美。

清朝人彭端淑著有《为学》一文，文章中讲的故事，会让我们受到启迪。

蜀之鄙有二僧，其一贫，其一富。贫者语于富者曰："吾欲之南海，何如？"富者曰："子何恃而往？"曰："吾一瓶一钵足矣。"富者曰："吾数年来欲买舟而下，犹未能也。子何恃而往！"越明年，贫者自南海还，以告富者。富者有惭色。

这段话的意思是说，四川边境有两个和尚，一个贫穷，一个富有。一天，穷和尚对富和尚说："我想去南海，你看怎么样？"

富和尚说："你靠什么去呢？"穷和尚说："我靠着一个水瓶和一个饭钵就足够了。"富和尚说："我几年来都想买船而南下，还没有能够去成。你靠什么能去！"到了第二年，穷和尚从南海回来了，把游历的过程告诉了富和尚，富和尚显出了惭愧的神色。

四川距离南海，有几千里路之遥，富和尚不能去，但是，穷和尚却到达了那里。看来，问题不在能不能去，而在是否真正行动。

常言道："路虽近，不行不至；事虽小，不做不成。"上级做出了正确的决策之后，执行者就要把握"速度制胜"的原则，立即行动。行动了，有百分之五十的希望，不行动百分之百没有希望。

行动不是盲目地行动，而应该是以目标为导向的行动。因此，执行者在执行时，一定要有结果思维。执行的关键不是做事，而是要把事情做成。

（四）用细节保证执行的结果

执行上级的决策必须要认真，一步一个脚印地做事，而不能耍小聪明，搞投机取巧。中国驻德国汉堡的一位副总领事曾经历过的一件事为认真做了诠释。

那是他刚来汉堡时，一次，他在限速的公路上超速了几秒钟，为的是越过前面德国人开的一辆车去转弯。转弯后，他发现被超过的这辆德国人开的车在他后面紧追不舍，一直追了一个半小时。

到了领事馆下车后，他问这个德国人为何一直跟着他。这个德国人说："我追了你一个半小时，就是想问你一句话，你为什么在限速的道路上要超速？"

德国人的认真是举世闻名的。据说，有人想考验一下德国人的循规蹈矩、一丝不苟的情况。于是，他分别在两个电话亭上贴了"男"、"女"的德文标志。

结果如何呢？结果是，德国人果然按照电话亭上的标志，男女各进各位。即使一边排着长队,另一边的电话亭是空的,也没有人违反这一规定。

认真,就要关注细节。否则,一着不慎,就会满盘皆输。美国"哥伦比亚"号航天飞机的爆炸就是明证。

2003年2月1日,美国航天飞机"哥伦比亚"号,完成了预定的任务,返回地面。

就在即将着陆前,"哥伦比亚"号意外发生了爆炸。航天飞机上的七名宇航员全部遇难。全世界为之震惊。

事后的调查结果显示,导致这一航天灾难的凶手,是一块脱落的隔热瓦。

正是这个隔热瓦的"细节",使得"哥伦比亚"号功亏一篑,七条宝贵的生命也因之而魂消太空。

由此可知,细节到位,才能真正执行到位。在20世纪,世界上有四位最伟大的建筑师。密斯·凡·德罗就是其中的一位。有人曾经要求他用一句最概括的话来描述他成功的原因。他只说了五个字:"魔鬼在细节中"。

密斯·凡·德罗认为,不管你的建筑设计方案如何恢宏大气,如果对细节的把握不到位,就不能称之为一件好作品。他说,细节的准确、生动可以成就一件伟大的作品,细节的疏忽会毁坏一个宏伟的规划。

现在,全美国最好的戏剧院有许多都是出自德罗之手。他在设计每个剧院时,都要精确测算每个座位与音响、舞台之间的距离,以及因为距离差异而导致的不同听觉、视觉感受,计算出哪一些座位可以获得欣赏歌剧的最佳音响效果,哪一些座位最适合欣赏交响乐,不同位置的座位需要做哪些调整方可达到欣赏芭蕾舞的最佳视觉效果。不仅如此,他还一个座位一个座位地去亲自测试和敲打,根据每个座位的位置测定其合适的摆放方向、大小、倾斜度、螺丝钉的位置等。

密斯·凡·德罗为什么能成为一个伟大的建筑师？这就是答案。

可见，成功离不开细节的积淀。细节虽"细"，但集腋能成裘，积土能成山。"细"中见精神，"细"中见功力，细节蕴藏着机会，细节保证着执行到位。

（五）原则性灵活性有机结合

有个美国人去俄罗斯旅游。有一天，在俄罗斯的一条马路边上，他看到了一个奇怪的现象：

一个俄罗斯人拿着铲子在路边挖坑，每隔3公尺挖一个。他干得很认真，坑也挖得很工整。另一个工人却跟在他的后面，把他刚挖好的坑立刻回填起来，还踩得很结实。

美国人觉得奇怪，便问那一位挖坑的俄罗斯工人："为什么你们一个挖坑，另一个马上便把坑给填起来呢？"

那个挖坑的工人回答道："我们是在绿化道路。根据规定，我负责挖坑，第二个人负责种树，第三个人负责填土。不过，今天第二个人请假没来。"

这是一个冷笑话。这个冷笑话可以给我们这样的启示：机械地落实执行，其后果不亚于不落实、不执行。事实的确如此。北京某区，就发生过这样一件事情：

气象台预报某日有暴雪，区里有关部门立即开会，部署应对预案。根据应对预案，有的部门负责扫雪，有的部门负责撒盐。但这一日天气预报失误，天没下雪。可是撒盐车照常上路撒盐。听起来像个笑话，但是这个笑话很让人心里不舒坦。很显然，这就是机械执行的表现。

执行，必须具体问题具体分析，原则性与灵活性相结合。事实上，中央的每一项政策，都是面向全国960万平方公里、13多亿人口的，不可能是解决每一个地方的具体措施。因此，执行，要把中央的精神和当地的实际紧密结合起来，创造性地开展工作。做到"不离上级谱，唱好自己的戏；学好北京话，说好地方话"。

六、知人善任的方法与艺术

在唐代史学家吴兢所著的《贞观政要》中，载有唐太宗李世民的一句名言："为政之要，惟在得人，用非其才，必难致治。"这是唐太宗治国理政的经验总结。历史证明，事业的兴衰，政权的兴亡，与人才有着非常密切的关系。正像诸葛亮所总结的："亲贤臣，远小人，此先汉所以兴隆也；亲小人，远贤臣，此后汉所以倾颓也。"因此，作为治国理政骨干的领导者必须知人善任。知人善任不仅是一种要求，更是一门需要掌握的方法与艺术。

（一）破除用人的心理误区

知人善任的重要性，大家都懂，但在践行的过程中，有人却往往因为某些心理误区而导致用人失察，用人不当。因此，领导者掌握用人的方法与艺术，首先要破除用人的心理误区。一般而言，用人的心理误区主要表现在以下几个方面：

第一，首因效应。 首因效应，又称"第一印象的作用"。它是指人们的知觉因素与情感因素的结合所形成的心理定式对一个人整体评价的影响。

第一印象具有表面性、片面性、主观性的特点，因为通过第一印象人们所获得的，主要是人的外部特征，如仪表容貌，言谈举止等。这种外部特征所反映的是人的非本质特征。拿这种非本质特征来识才、选才、用才，往往会造成以貌取人、凭印象用人的失误。孔子当年就因为"以貌取人，失之子羽"。

《史记·仲尼弟子列传》记载："澹台灭明，武城人，字子羽，少孔子三十九岁。状貌甚恶。欲事孔子，孔子以为材薄。既已受业，退而修行，行不由径，非公事不见卿大夫。南游至江，从弟子三百人，没取予去就，名施乎诸侯。孔子闻之，曰：'吾以言取人，失之宰予；以貌取人，失之子羽。'"

子羽，姓澹台，名灭明，是孔子的学生。他比孔子小了 39 岁。子羽相貌丑陋，想拜孔子为师。孔子虽然收下了子羽，但认为从他的相貌上看，难以成才，不会有大出息。

然而，子羽离开孔子后，曾任鲁国大夫，而且做事公道正派。他又南下楚国，设坛讲学，培养了几百名弟子，名扬诸侯。

孔子听说了这件事情之后，感慨地说，我"以貌取人，失之子羽"。

孔子为什么"失之子羽"？就是他具有的首因效应的心理定式所导致的。

第二，光环效应。光环效应又称"晕轮效应"，是指一个人的突出特征会像耀眼的光环一样，引起人们的重视注意，从而使人们对他的其他品质视而不见，并进而影响对他的整体评价。这就是俗话所说的"一俊百俊，一丑百丑"。成语中所讲的"爱屋及乌"。其本质是一种以偏概全的认知上的偏误。

成语中的"爱屋及乌"、"厌恶和尚，恨及袈裟"就是晕轮效应弥散的体现。《韩非子·说难篇》中讲过这样一个故事：

弥子瑕因为长相俊美而深受卫灵公的宠幸。有一次弥子瑕的母亲病了，他得知后就连夜偷乘卫灵公的车子赶回家去。按照卫国的法律，偷乘国君的车子是要处以刖刑（把脚砍掉）的。但卫灵公却夸奖弥子瑕孝顺母亲。又一天，弥子瑕与卫灵公同游桃园，他摘了个桃子吃，觉得很甜，就把咬过的桃子献给卫灵公品尝，卫灵公又夸他有爱君之心。

后来，弥子瑕年老色衰，不受宠幸了，得罪了卫灵公。卫灵公又说："这个人本来就假托君命用我的车子，还曾经把他吃剩下的桃子给我吃。"

事实上，弥子瑕的行为和当初并没有什么变化，而以前被认为有德行，后来则获罪的原因是，君主的好恶变了。(《韩非子·说难》原文：昔者弥子瑕有宠于卫君。卫国之法，窃驾君车者罪刖。弥子瑕母病，人间往夜告弥子，弥子矫驾君车以出，君闻而贤之曰："孝哉，为母之故，忘其犯刖罪。"异日，与君游于果园，食桃而甘，不尽，以其半啖君，君曰："爱我哉！忘其口味以啖寡人。"及弥子色衰爱弛，得罪于君，君曰："是固尝矫驾吾车，又尝啖我以余桃。"故弥子之行未变于初也，而以前之所以见贤而后获罪者，爱憎之变也。)

这是个很典型的"光环效应"的弥散。弥子瑕所做的两件事并没有任何变化，但却因卫灵公对他的外貌喜欢程度的变化而评价有所变化。卫灵公喜欢其外貌时，"窃驾君车"是对母亲的孝顺；"食桃而甘，不尽，以其半啖君"是有爱君之心。卫灵公厌恶其外貌时，弥子瑕所做的、曾经被他夸奖过的两件事，就都是罪过了。

这个故事启示我们，选拔使用人才，一定要特别注意防止光环效应的干扰。对人的评价，要客观公正，既不以功掩过，也不要以过掩功。

第三，马太效应。所谓"马太效应"，就是对已有相当知名度的人给予更多的荣誉，而对于那些尚未成名的人，则忽视或贬低他们的成绩、才能。这种不合理的社会现象，在人才选拔任用上的表现，则是"显才"容易得到重用而更"显"，"潜才"容易受到埋没而更"潜"。

"马太效应"是由美国科学史研究者罗伯特·莫顿于1973年首先提出的。之所以称为"马太效应"，是源自《圣经·马太福音》中的一个故事。

一个国王远行前,交给三个仆人每人一锭银子,吩咐他们:"你们去做生意,等我回来时,再来见我。"国王回来时,第一个仆人说:"主人,你交给我的一锭银子,我已经赚了10锭。"于是,国王奖励了他10座城邑。第二个仆人报告说:"主人,你给我的一锭银子,我已经赚了5锭。"于是,国王奖励了他5座城邑。第三个仆人报告说:"主人,你给我的一锭银子,我一直包在手巾里存着,我怕丢失,一直没有拿出来。"于是,国王命令将第三个仆人的一锭银子也赏给第一个仆人,并且说:"凡是有的,还要给他,使他富足;凡没有的,连他所有的,也要夺去。"

根据这个故事,罗伯特·莫顿把"富者越富,贫者越贫"的现象归结为"马太效应"。

"马太效应"作为一种社会惯性,对潜在人才的发现和使用起着很大的抑制作用。马克思主义经典作家对此早有洞察。斯大林便多次谈到这一问题。他说,在我们国家里有成百成千有才能的年轻人,他们竭尽全力要从下面冲上来,以求把自己的微末贡献投入到我们建设事业的宝库。但是他们的努力往往是徒劳无益的,因为他们常常被文坛"名人"的自负,我们某些组织的官僚主义和冷酷无情以及同辈的嫉妒压抑下去。我们的任务之一就是要打穿这堵死墙,使不可胜数的年轻力量得到出路。

斯大林所说的这堵抑制潜在人才成长的"死墙",在我国也不同程度地存在着。君不见,那些功成名就的"显人才",社会则不断地给他们增加荣誉、待遇、职位,选优秀人物是他,长工资有他,出国也非他莫属,这个学会的理事,那个企业的顾问,以至于使这些"显人才"忙于应付,不堪其累;而对于那些名不见经传的"潜人才",却没有人正视他们的存在,即使他们做出了很好的成绩,也没有人认可重视。这无疑会影响优秀人才的脱颖而出。因此,领导者必须清醒地认识"马太效应"在人才问题上的副作用,努力打穿抑制潜在人才成长的"死墙",唯才是举。不要眼睛只盯着少数几个"显人才",要扩大视野,努力去发现暂时还没有出名的"潜人才"。要铭记习近平总书记2013年3月17日在十二届全国人大一次会议闭幕会上所做的讲话,让"生活在我们伟大祖国和伟大时代的中国人民,共同享有人生出彩的机会,共同享有梦想成真的机会,共同享有同祖国和时代一起成长与进步的机会。"

(二) 深谙知人的方式方法

"知人"是"善任"的前提。领导者如果不能准确地"知人","善任"也就是一句空话。但是,要想准确地知人,也不是一件容易的事,就连智慧的化身诸葛亮都感叹:"夫知人之性,莫难察焉。美恶既殊,情貌不一,有温良而为诈者,有外恭而内欺者,有外勇而内怯者,有尽力而不忠者。"[①]

在诸葛亮看来,要辨识一个人的品性,是一件非常棘手的事情。善和恶固然是差之千里,但内在的真实想法,和外在所显露的神情也总是不一致。有的人外表温良忠厚,内心却虚伪奸诈;有的人外表恭恭敬敬,内心却满怀险恶;有的人外表威武凶猛,内心却胆怯懦弱;有的人办事看起来尽心尽力,但实际上却是心怀叵测。

正因为"知人之难",所以三国的人才学家刘邵在《人物志》里把"知人"归为最为难得的才能,并提出"知人者智"的论断,即知人是最大的聪明。那么,领导者如何"知人"呢?

第一,听其言。"言为心声"。尽管现实中有很多言不由衷、口是心非的情况,但是,从总体上讲,一个人的思想、品德状况,还是能从他

[①] 《诸葛亮集·将苑·知人性》,中华书局,1960年8月版,第78页。

的言谈吞吐中反映出来的。一个满嘴脏话的人，不可能是一个讲文明、懂礼貌的人。

第二，观其行。有的人是言语的巨人，行动的矮子，只说不做。因此识别人才，不仅要听其言，更要观其行。也就是通过一个人的行为举止来观察他。

人的行为举止是无声的语言。它虽然无声，却能反映一个人的心灵，反映一个人的为人和道德品貌，体现一个人的素质修养、精神气质。尤其是人的下意识的行为举止所透露出来的信息，要比加工后的言语更能够直接、真实地表现一个人的心理活动和真实思想。这就为识别人才提供了一条重要的途径。曾国藩就特别善于通过这种途径来识别人才。

一天，李鸿章带了三个人来让曾国藩任命差遣。当时曾国藩吃饱饭后正在散步。他有饭后缓行三千步的习惯，所以那三个人就在一旁恭候。

散步之后，李鸿章请曾国藩接见那三个人，曾国藩却说不必了。李鸿章很惊讶。曾国藩告诉李鸿章："我在散步时，那三个人的表现都看过了。第一个人低着头不敢仰视，是一个忠厚的人，可以给他保守的工作；第二个人喜欢作假，在人面前很恭敬，等我一转身，他便左顾右盼，将来这个人必定阳奉阴违，不能任用；第三个双目注视，始终挺立不动，他的功名，将来不在你我之下，可委以重任。"

后来这三个人的仕途表现，果然不出曾国藩所料，那第三个人就是开发台湾有功的刘铭传。

第三，察其友。常言道："物以类聚，人以群分"；"识人看处事；知人看结交。"人都是有朋友的，要想了解一个人，不必去费劲明察暗访，只要看一看他结交的都是一些什么人，就清楚了。一个人如果结交的都是些游手好闲的人，那他这个人也勤奋不到哪里去；一个人如果结交的都是些坑蒙拐骗者，那他这个人也诚实不到哪里去。

第四，考于绩。所谓"考于绩"，就是通过考核一个人的工作实绩，来判断他的才干能力。工作实绩是判断潜在人才的关键一环。当年徐悲鸿就是通过实绩发现了齐白石的。

1929年，北平艺术学院院长徐悲鸿去看画展。挂在展厅角落里的一幅河虾图引起了他的注意。随同看展览的人告诉他，说作者是一位年纪很大的木匠。徐悲鸿仔细地观察着那幅画，说道，没想到这里还藏着一位杰出的国画大师。几天以后，徐悲鸿力排众议，聘请齐白石为艺术学院教授。一年后，又亲自作序，推荐《齐白石画册》。齐白石就这样被发掘了出来，成为一代国画大师。

第五，询于众。"询于众"，就是广泛地听取群众的意见。群众的眼睛是雪亮的。他们每个人的心中都有一杆秤。因此，识别、发现人才还应该到群众中去，认真地听取广大群众的意见，而不能仅凭自己的好恶选拔干部。广泛地听取群众的意见，也能促使广大干部眼睛向下看，全心全意为人民服务，而不是眼睛只盯着领导，整天琢磨着怎样拍领导的马屁。一个眼睛只盯着领导，整天琢磨着怎样拍领导马屁的人，品质上就有问题，这样的人是万万使用不得的。

第六，试于事。"试于事"，就是用一些具体的事情来测试他。看他的能力、见识、修养如何。比如，请他出谋划策，考察他是否有见识；就某件事情跟他相约，考察他是否守信用，等等。

（三）把握用人的四个关系

"知人"是为了"善任"。领导者也只有做到了"善任"，才是真正地"知人"。"善任"，一定要处理好四个关系：

第一，"亲"与"贤"的关系。"任人唯亲"和"任人唯贤"是两条对立的用人路线。它们的本质区别就在于用人为私，还是用人为公。我们党的用人路线，是"任人唯贤"，坚决反对"任人唯亲"。

但是，事实求是地讲，现在，在有些地方、部门和单位，"任人唯亲"的现象是非常严重。有些领导者置党的干部政策、党的干部制度于不顾，肆无忌惮地"任人唯亲"。安徽省委原副书记王昭耀就是一个典型。请看王昭耀所构建的家族权力图谱：

妻子——杨大爱（砀山曲艺团的演员—安徽省行政事务局接待处处长）

大儿子——王伟（阜阳市政府办公室—共青团安徽省委联络部副部长）

妻二弟——杨哲信（货车司机—砀山县委组织部副部长—宿州市委组织部副部长）：228次受贿卖出69顶乌纱帽

妻大弟——杨枫（师范学校化学教师—淮南市气象局局长—宣城市委副书记）①

这是一个非常典型的"任人唯亲"案例。其实，岂止是王昭耀，近年来落马的一些高官，几乎都有"任人唯亲"的问题。周永康、徐才厚、令计划、苏荣，等等，每一只大老虎的身边都围着一圈圈自己的亲属、亲信。

中央军事委员会原副主席徐才厚，是大连瓦房店人。在他大权在握之时，他的家乡瓦房店走出了近30位将军。是瓦房店人杰地灵？非也，事实是徐才厚的权力使然。

"任人唯亲"会给党的干部队伍带来致命的伤害。正如古代著名思想家墨子所言："用一贤人，则贤人毕至；用一小人，则小人齐趋。"如果党的干部队伍选拔任用的是德才兼备的人，那么，就会将德才兼备的

---

① 谭爱芳：《王昭耀家族沉浮录》，《南方》杂志2006年，第35期。

人汇聚到一起；如果党的干部队伍选拔任用的是无德无才、只会拉关系之人，那么，小人就会趋之若鹜。

正确处理"亲"与"贤"的关系，要求领导者在选拔使用人才时，要出以公心，不徇私情。首先考虑的应该是他的才能和品德，而不是考虑他是否是你的亲朋、好友。历史上曾经发生过这样一个故事：

一天，晋平公问大夫祁黄羊："南阳那个地方缺个长官，谁适合去补这个缺？"

祁黄羊回答说："解狐可以。"晋平公听了很惊讶，问他说："解狐不是你的仇人吗？你怎么推荐仇人呢？"

祁黄羊回答道："您是问我谁担任这一职务合适，并没有问谁是我的仇人。"

晋平公说："很好。"于是，他就派解狐去任职。国都里的贵族都称赞任命得对。而解狐任职后也是不负众望，受到南阳民众的拥护。

祁黄羊这个伯乐真的是推荐人才出以公心，而不是从个人的恩恩怨怨来看一个人的好坏。正因为如此，他才能坦荡地推荐仇人为官。

当然，并不是说亲朋好友不能用，关键是先看什么，后看什么。如果亲朋好友有德、有才，当然可以"举贤不避亲"。

污水理论告诉我们：如果把一勺酒倒进一桶污水中，你得到的是一桶污水；如果把一勺污水倒进一桶酒中，你得到的还是一桶污水。一个没有才能、德行的人就是一勺污水，他能很快将一个高效的部门变成一盘散沙。王安电脑公司就是如此。王安电脑曾是全球红极一时的品牌，它的创始人王安曾被列为美国第五大富豪，成为华人世界的奇迹。

然而，在1986年，王安不顾众人的反对，断然让他的长子王列担任公司总裁。王列没有领导、管理的才能。自从他一上任，公司的经营就每况愈下。两年后亏损额达到4.2亿美元，负债10亿美元。1992年8月18日，王安公司宣布破产。

第二,"德"与"才"的关系。"德才兼备"是选拔使用人才的理想标准,按照这个标准选拔使用人才,一定能保证人才的质量。

但是,人们在具体选才用人的实践中却发现,每个人"德"与"才"的水平实际上是不平衡的。有的人品德比较好,但才能差一些;有的人才能强一些,但品德却是略逊一筹。真正"德才兼备"的人,为数并不是很多。所以,鲁迅先生就曾经很幽默地说:"倘要完全的人,天下配活的人也就很有限。"

既然如此,那么,领导者在选拔使用人才时,就要处理好"德"与"才"的关系。怎样处理好这一关系呢?

其一,德才兼备,好中选优。选拔使用人才,必须坚持高标准,严要求,德才兼备,好中选优。所谓德才兼备,就是品德好,能力强。因此,要严格执行《党政领导干部选拔任用工作条例》。2014年1月中共中央修订印发了《党政领导干部选拔任用工作条例》(以下简称《干部任用条例》),并发出通知。通知要求,党政主要领导同志要增强政治纪律、组织人事纪律观念,带头遵守《干部任用条例》,规范行使选人用人权。组织(人事)部门要精通《干部任用条例》,坚持公道正派、按章办事,为选准用好干部把好关。

《干部任用条例》是党政领导干部选拔任用工作必须遵循的基本规章。如果违反《干部任用条例》规定的原则、条件、程序和纪律选拔任用干部,是要受到严肃查处的。这就为从源头上预防和治理用人上不正之风提供了有力的武器。

其二,德才相比,德先才后。选才用人,才华固然重要,但品德更为关键。"德是才之本","才为德之资"。道德常常能填补智慧的不足,而智慧永远填补不了道德的缺陷。

道德品质是人才的成事之基,立业之本。因此,中国传统文化强调"修身,齐家,治国,平天下"。

宋代史学家司马光在编纂《资治通鉴》时，曾经根据晋国的大夫智伯因为才干胜过德行，挟才为恶，导致晋国灭亡这一典型的事例，提出了处理德才关系的原则。

司马光认为，就德才关系而言，无非有四种："才德全尽谓之'圣人'，才德兼亡谓之'愚人'，德胜才谓之'君子'，才胜德谓之'小人'。"

选拔使用人才，当然应该选拔使用那些德才兼备的"圣人"；如果没有德才兼备的"圣人"，退而求其次，是要选拔使用德胜才的"君子"；如果"圣人"、"君子"都得不到，那么，宁可要"愚人"，也不要"小人"。即"凡取人之术，苟不得圣人、君子而与之，与其得小人，不若得愚人。"

这是因为，"君子挟才以为善，小人挟才以为恶。挟才以为善者，善无不至矣；挟才以为恶者，恶亦无不至矣。愚者虽欲为不善，智不能周，力不能胜，譬如乳狗搏人，人得而制之。小人智足以遂其奸，勇足以决其暴，是虎而翼者也，其为害岂不多哉！"[①]

在司马光看来，君子凭借他的才能去做善事，做好事；小人则凭借着他的才力去做恶事，做坏事。

凭借才能做善事，做好事的，善事、好事会做得很周至；而凭借才力做恶事，做坏事的，恶事、坏事则会做得登峰造极。"愚人"即使想做坏事也不可怕，因为他们的才力不济，这就像小狗攻击人，人很容易就能制服它。而小人如果有才力，便如虎添翼，足以使他们干坏事的阴谋得逞，危害极大。司马光的观点很有道理。

陈云同志就讲："现在有同志常说，要开拓型干部。开拓型也要，但首先要强调德，有党性。德才兼备，才干固然重要，但德还是第一。"

---

① 《资治通鉴》卷一，第14—15页，中华书局，1956年6月版。

为什么要坚持"德才兼备，以德为先"的用人标准？陈毅同志曾经举例来说明。

1960年，陈毅同志曾经讲过这么一段话：一个空军飞行员，如果开不好飞机，那总不好吧；然而飞机开得再好开到敌人那边去了，反过来打自己的国家，那就更糟了。

没有才能不行，但没有品德就更糟糕，才高而缺德就更会是灾难性的后果。

新时期领导者的"德"，主要体现在三个方面：一是坚定的理想信念；二是坚持执政为民；三是坚守清正廉洁。

新时期领导者的"才"，主要体现在，是否有能力能为群众办实事、解难题，是否有能力领导本地区、本部门科学发展。

古人云："用得正人，为善者皆劝；误用恶人，不善者竞进。"的确，选拔使用了"正人"，好人就会受到鼓励；选拔使用了不良之人，坏人就会竞相而进。

其三，德才兼备，不求完备。选拔使用人才，坚持高标准，严要求，德才兼备，好中选优，是前提条件，但是，也不应该因此而求全责备，一味地去追求"完人"、"全才"。如果一味地追求"完人"、"全才"，那天下就很少有能用的人了。

因此，领导者在选拔使用人才时，应该牢记"德才兼备，不求完备"这八个字。一般来说，求"德"，要看大节，赦小过；求才，要看其是否能胜任本组织的工作，以及他是否比同层次的其他可选人员更胜一筹。

美国南北战争时的总统林肯，曾经给北军选了三位总司令，选用的标准都是他们必须没有什么缺点，而且这三位总司令统率的北军还拥有人力物力的绝对优势。但打了三四年，战局没什么进展，结果都被南军打败。

后来，林肯任命格兰特将军为总司令，而不去理会有的人对格兰特将军"嗜酒贪杯，难当大任"的反映。全力支持格兰特将军发挥所长。事实证明，格兰特将军的受命，正是南北战争的转折点。

第三，"长"与"短"的关系。实际上，所谓人才，也有其擅长的特定领域。假如把他放置在他不熟悉的领域，优势也就变成了劣势。正像清代诗人顾嗣协在《杂兴》诗中所写的："骏马能历险，犁田不如牛。坚车能载重，渡河不如舟。舍长以就短，智者难为谋。生材贵适用，慎勿多苛求。"因此，领导者要知人善任，必须学会处理好长与短的关系。这也是用人艺术的关键所在。

其一，先看其长，后看其短。用人要是先看长处，到处都是可用之人；要是先看短处，天下都是无能之辈。司马光在《资治通鉴》卷一中曾经记载过这样一个故事：

孔子的学生子思，在卫国做事。有一次，他向卫侯举荐一个叫苟变的将领，说："苟变是一位能攻善战的将才，可以统兵五百乘（37500人），应该重用他。"

卫侯听了子思的话，摇摇头说："我知道苟变是位将才。但是他在做税官收税时，白吃了人家的两个鸡蛋，所以，我因此而一直没有用他。"

听了卫侯的这番话，子思感慨地说："好的领导者使用人才就好像木匠选择木料一样，取其长处，弃其短处。好的木材即使有几尺长的朽坏之处，优秀的木匠也不会因此而轻易放弃它。现在正处于战乱的世道，国家急需人才，但是您却因为两个鸡蛋那样的小事，而弃勇猛将才，这种事千万别传出去叫邻国知道。传出去会叫邻国笑话。"卫侯再次致谢说："我接受你的教诲了。"（原文：子思言苟变于卫侯曰："其才可将五百乘。"公曰："吾知其可将；然变也尝为吏，赋于民而食人二鸡子，故弗用也。"子思曰："夫圣人之官人，犹匠之用木也，取其所长，弃其所短；故杞梓连抱而有数尺之朽，良工不弃。今君处战国之世，选爪牙之士，而以二卵弃干城之将，此不可使闻于邻国也。"公再拜曰："谨受教矣！"）

卫侯看人，先看短处，而不是先看长处。结果因为两个鸡蛋而弃用了一位将帅之才。如果他能够先看长处的话，他会看到苟变的勇猛善战，苟变的将帅之才就不会被埋没了。

事实上，不同环境下有着着不同的用人标准，一个人的长处与短处也是相对而言的。就苟变而言，有长处，是能攻善战的将才；但也有短处，在做税官收税时，白吃了人家的两个鸡蛋。要是按照现实的环境，苟变贪小便宜，不廉洁，似乎不能提拔重要。但战乱的世道，国家急需勇猛将才，能攻善战就是他的长处了，贪小便宜则是其短处了。所以子思劝谏卫侯任用苟变，不能因为小错误而埋没一位将才。这是有一定道理的。

其二，用其长处，避其短处。每个人都有长处和短处。人实质上是长与短的统一体。汉代的王充在《论衡·书解篇》中云："人有所优，固有所劣；人有所工，固有所拙。"这句话的意思是说，人有优点，必有缺点；人精于某种事务，必定在另外的事务上显得笨拙。所以用人，应该择其长处来使用，而尽量将其短处来避免。择其优，舍其劣，用其工，避其拙。

其三，短中见长，善用其短。扬长避短，是用人的基本方法。但是，事物都是辩证的。在不同的情景中，长与短却是可以互相转化的。因此，懂得用人方法和艺术的领导干部在选才用人时，总是能"短中见长，善用其短"，也就是把短处或缺点当成优点来用。唐朝大臣韩滉便是如此。

一次，有位年轻人来向韩滉求职。此人脾气古怪，不善言谈，做事古板，不懂人情世故。

韩滉身边的人认为此人不可用。但韩滉却认为，做事古板，不懂人情世故是短处，但也是长处。因为他做事更能一板一眼，更能铁面无私。于是，就让他去监管库房。

这位年轻人上任之后，果然铁面无私，是一位称职的库房管理者。

所以说："垃圾是未被利用的财富，庸人是放错了位置的人才。"总之，"扬长避短"是用人的基本方法，"短中见长，善用其短"，则是用人的高超艺术。

第四，"职"与"才"的关系。职，就是职位；才，就是才能。正确处理职位与才能的关系，就是要求领导者在选拔任用人才时，要能"因事设人，量才任职"。这就是说，要先有职位后选人才，不能先选人而后设岗。而且，职务的高低和才能的大小必须相匹配。

人才只有得到了与自己的才能相适应的职位，才能充分发挥自己的聪明才智。

（四）培养人才的有效路径

人的素质能力是动态的，可塑的。原来素质高能力强的人，如果不注意培养他们，他们自身再不努力，素质就可能降低，能力就可能变弱。即使选拔任用了，也可能不能很好地持续发展。所以领导者不仅要善于选拔使用人才，更要善于有效地培养人才。

"一美元的投入，四美元的偿还"，是西方人才学家为教育投资所算的一笔账。这种量化的概念，生动地说明了人才培养的重要性。

当今的世界，是竞争的世界。竞争，说到底，是人才的竞争。谁具有优秀的人才，谁就能在竞争中取胜。这是不争的事实。

优秀人才从哪里来呢？招聘、引进，是一种渠道，但更重要的途径还在于教育培养。教育培养是优秀人才产生的最根本方法。因此，领导者必须把教育培养人才当作重要的战略任务来抓。通过教育培养使优秀的人才脱颖而出。

教育培养人才，不是单一的培养条件和方法。它是多种主客观培养条件不断优化并综合作用的结果。因此，教育培养人才必须采取多种有效的措施和方法。实践证明，以下的途径与方法在人才的培养方面是很有效的：

第一，用正确而伟大的目标引导。俄国著名文学家高尔基说："我们常常重复这样一句话：一个人追求的目标越高，他们的才力就发挥得越快，对社会就越有益。我确信这是一个真理。"的确，正确而伟大的目标是人们奋进的强大动力，是人的潜能得以充分发挥的催化剂。只有有了正确而伟大的目标，人们才有前进的方向，才有强大的精神支柱，也才能不懈地努力奋进。

因此，领导者培养人才必须用正确而伟大的目标来引导，正确而伟大的目标能对人才的成长起到方向性的作用，使人才的成长避免盲目性和随意性。

正确而伟大的目标就是共产主义的理想。共产主义的理想是建立在人类最先进的科学理论基础之上、符合社会发展规律的崇高理想。它是一个人成长的精神支柱，力量源泉；是一个人立身做人的根本，为官从政的灵魂。它能提升人的精神境界，能在人的头脑中筑起一道牢固的精神防线。

一个人有了共产主义理想这一伟大目标，他就能把个人的前途和命运始终跟党的事业和人民的根本利益联系在一起，就能为了党和人民的事业而奉献自己的毕生精力，乃至生命；他就能在任何诱惑面前经受得住考验，在私利面前不伸手，在美色面前不动心，在权势面前不贪婪，在困难面前不萎缩，在荣誉面前不自满，在群众面前不装腔，在工作面前不推诿。他就能成为一个高尚的人，一个纯粹的人，一个有道德的人，一个脱离了低级趣味的人。

第二，用正确的成就动机激励。心理学研究证明，人的一切行为都是由需要引发的动机产生的。就个人成长而言，对其影响最大的动机，就是成就动机。所谓成就动机，就是追求事业上的成绩的念头。实践证明，成就动机对人才的成长具有重要的影响。它是一个人成长的内助力。一个人如果有了成就动机，他就会努力拼搏，勇于开拓；他就会不怕一切困难，去争取事业的成功，实现自身的抱负。

因此，培养人才，就要能够用正确的成就动机激励他们，帮助他们树立干大事的雄心壮志，培养他们兴大业的进取精神。

第三，为人才的成长创造良好的环境条件。马克思主义认为，任何时期、任何时代人才的成长行为都是主客观因素，即个人努力与环境条件相互作用的结果。这就是说，人才的脱颖而出，既需要人才本身具有良好的素质，做出不懈的、艰苦的努力，又需要组织与社会为他们的成长创造良好的环境条件。

一般说来，人才成长的环境主要包括正确的用人路线、科学的用人制度、优良的学习环境以及实践锻炼环境等。

在我们中华民族的历史中，向来存在着两条对立的用人路线，一条是"任人唯贤"的正派路线，一条是"任人唯亲"的不正派路线。我党的用人政策，应是以"德才兼备"的标准来选拔人才。这就是"任人唯贤"的路线，也是正确的用人路线。

人才的成长不仅需要有正确的用人路线来指导，还必须有科学的用人制度来保障。科学的用人制度就是民主化、科学化和法制化的人才管理制度。科学的用人制度是选拔、培养、使用和管理人才的重要手段，它能从根本上保证选拔、任用、考核、奖惩、教育、监督等各个人才管理环节都能按正常轨道有序运转，从而有力地保证优秀人才顺利成长。

正确的用人路线和科学的用人制度，给予了人才成长路线、制度上的保证，但仅此还不够，还必须为人才提供一定的学习环境。事实上，优秀人才的知识、能力并不是先天具有的，而是通过后天的不断学习、积累获得的。正如一句名言所说的："人创造奇迹常常是在瞬间，但没有一个创造奇迹的人是依靠瞬间的。"因此，创造各种条件，用科学的理论和科学的知识来培训、教育人才，就成了培养优秀人才的重要途径与方法。

人们常说："实践是最好的老师。"人才的培养也离不开具体的实践锻炼。实践不仅是人们获取知识和经验的重要源泉，也是人们把所掌握的知识和经验内化为职业素质、工作能力的根本途径。因此，领导者要积极为人才创造有利的实践条件，使人才在实践中提高素质，提升能力，增长才干。

七、群众工作的方法与艺术

习近平总书记强调:"做好群众工作是领导干部的重要职责。是否重视做群众工作,是否善于做群众工作,是衡量领导干部政治上是否合格、工作上是否称职、领导能力强不强的一个基本标准。"① 在中央党校建校 80 周年庆祝大会暨 2013 年春季学期开学典礼上,他又指出:"很多同志有做好工作的真诚愿望,也有干劲,但缺乏新形势下做好工作的本领,面对新情况新问题,由于不懂规律、不懂门道、缺乏知识、缺乏本领,还是习惯于用老思路老套路来应对,蛮干盲干,结果是虽然做了工作,有时做得还很辛苦,但不是不对路子,就是事与愿违,甚至搞出一些南辕北辙的事情来。这就叫新办法不会用,老办法不管用,硬办法不敢用,软办法不顶用。"②

领导者要破解群众工作中存在的"新办法不会用,老办法不管用,硬办法不敢用,软办法不顶用"的难题,就必须掌握做好群众工作的方法和艺术。

---

① 习近平:《在省部级主要领导干部社会管理及其创新专题研讨班结业式上的总结讲话》(2011 年 2 月 23 日),新华网,2011 年 2 月 24 日。
② 习近平:《在中央党校建校 80 周年庆祝大会暨 2013 年春季学期开学典礼上的讲话》,《人民日报》,2013 年 3 月 1 日。

(一) 群众工作的基本原则

群众工作是我党的优良传统,也是最强大的政治优势。关于做好群众工作的意义,习近平总书记说得非常清楚:"历史和现实都告诉我们,密切联系群众,是党的性质和宗旨的体现,是中国共产党区别于其他政党的显著标志,也是党发展壮大的重要原因;能否保持党同人民群众的血肉联系,决定着党的事业的成败。"① 那么,领导者如何做好新形势下的群众工作?领导者要做好新形势下的群众工作,必须继承我党在长期实践中形成的优良传统和作风,坚持以下几项基本原则:

第一,既要反对命令主义,又要反对尾巴主义。命令主义是超越群众觉悟程度的表现;尾巴主义是落后于群众的觉悟程度的表现。

反对命令主义,就是要从群众觉悟的实际状况出发,讲究政策和策略,让群众理解和接受党和政府的要求和工作任务,而不能搞强制或者压服的命令主义。

反对尾巴主义,就是党制定的方针政策和工作目标不能落后于群众的觉悟,跟不上群众的认识,满足不了群众对社会发展的需求,同时也不能无原则地迁就、附和、助长部分群众中存在的某些落后、错误的认识与行为。

早在1945年,毛泽东同志就指出:"在一切工作中,命令主义都是错误的,因为它超过群众的觉悟程度,违反了群众的自愿原则,害了急性病。我们的同志不要以为自己了解了的东西,广大群众也和自己一样都了解了。群众是否已经了解并且是否愿意行动起来,要到群众中去考

---

① 习近平:《在党的群众路线教育实践活动工作会议上的讲话》(2013年6月18日),人民网,2013年7月26日。

察才会知道。如果我们这样做，就可以避免命令主义。在一切工作中，尾巴主义也是错误的，因为它落后于群众的觉悟程度，违反了领导群众前进一步的原则，害了慢性病。"

第二，既要当好群众的"导师"，又要当好群众的"学生"。领导者，是指率领并引导众人朝着一定方向前进并用自身行为影响他人的人。很显然，这是导师的作用。但是，领导者一定要认识到，领导者只有先做群众的"学生"，才能当好群众的"导师"。正如习近平总书记2012年在广东考察工作时的讲话中所指出的："领导不是百事通，不是万能的。要做群众的先生，先做群众的学生。领导干部要放下架子，甘当小学生，多同群众交朋友，多向群众请教。要真正悟透群众是真正的英雄。"

由此而言，领导者要做好群众工作，必须深入群众，向群众学习，问政于民、问需于民、问计于民，当好群众的学生。

第三，既要思想教育引导，又要解决实际问题。做好群众工作，需要坚持以科学的理论武装人，以正确的舆论引导人，以高尚的精神塑造人，以优秀的作品鼓舞人。但在加强对人民群众思想教育的同时，必须关心群众生活，高度重视解决群众中存在的各种实际困难，把思想教育引导与解决实际问题紧密结合起来，坚持教育群众与服务群众相统一。要知道，"检验我们一切工作的成效，最终都要看人民是否真正得到了实惠，人民生活是否真正得到了改善，这是坚持立党为公、执政为民的本质要求，是党和人民事业不断发展的重要保证。"[①]

---

① 习近平：《全面贯彻落实党的十八大精神要突出抓好六个方面工作》（2012年11月15日），《求是》，2013年第1期。

(二) 群众工作的立场感情

群众工作的工作方法与艺术，不是单纯的技巧问题，而首先是立场感情的问题。当年，毛泽东同志在《切实执行十大政策》一文中就说过："从群众中来，到群众中去，想问题从群众出发就好办。"① 因此，掌握群众工作的方法与艺术，必须坚持群众立场，密切与人民群众的感情。这是做好群众工作的根本。

第一，要对群众有真感情。习近平同志要求领导干部："要深怀爱民之心，自觉摆正与人民群众的关系，不断增进与人民群众的真挚感情，设身处地、换位思考，时刻把人民群众的安危冷暖挂在心上。"一个对人民群众有着真挚感情的领导者才能深受群众的喜爱和拥戴。

党的优秀干部沈浩为什么能让小岗村的百姓口服心服？为什么小岗村的百姓在沈浩离开他们的时候悲痛万分，一个主要的原因，就是沈浩心中有百姓，对小岗村的百姓充满着热爱之情。正因为如此，他真心实意地为小岗村百姓排忧解难。

小岗村的群众说："沈浩时刻都惦记着我们老百姓，谁家有个难事、急事，他心里都有一本账。有困难，找沈浩！是我们遇到困难时常说的话。"

小岗村的人们还记得这样一件事情：2005年夏天的一个夜晚，雨下得特别大。沈浩马上想到了徐庆山一家，还住在三间危房里。

他立即从床上爬起来，摸把雨伞就往外冲。一路上，天又黑，路又滑，深一脚，浅一脚，鞋子陷到泥里拔不出来，他干脆光着脚，一口气

---

① 毛泽东：《切实执行十大政策》（1943年10月14日），《毛泽东文集》第3卷，人民出版社1996年版，第71页。

跑到徐庆山家。一进门,看见屋里到处漏雨,房顶上的泥灰"哗啦、哗啦"直往下掉。

沈浩跑到床边,急忙把孩子抱在怀里,连声招呼还在发愣的徐庆山两口子:"还不快走。"折腾了大半夜,才把徐庆山一家安顿好。

暴雨中,沈浩想到的不是自己的休息、自己的安危,想到的是人民群众的安危。一个能把群众的困难记在心上,能在危险面前冲在群众前头的领导者,他的行动就是最好的群众工作方法和艺术。

第二,要牢固树立群众观点。所谓群众观点,是指对待群众的立场和态度。刘少奇同志指出,"一切为了人民群众的观点,一切向人民群众负责的观点,相信群众自己解放自己的观点,向人民群众学习的观点,这一切,就是我们的群众观点。"[①] 刘少奇同志的这一重要论述,阐明了党的群众观点的主要内容。

其一,一切为了人民群众的观点。中国共产党是为了服务于人民而建立的,共产党员的一切牺牲、努力和斗争,都是为了人民群众的福利和解放,而不是为了别的目的。中国共产党,除了人民群众的利益以外,没有自己的特殊利益。党的一切主张、政策和决议,都是以符合人民群众的最大利益为依据的。每一个共产党员的任务,就是全心全意为人民服务,一切以人民利益为最高准绳。

其二,一切向人民群众负责的观点。向人民负责,就是党的活动在客观上要给人民群众带来实际的利益,并力求在工作中不犯或少犯错误,免得害了人民,使人民群众的利益遭受损失。"每句话,每个行动,每项政策,都要适合人民的利益,如果有了错误,定要改正。"[②]

其三,相信群众自己解放自己的观点。人民群众是历史的创造者,

---

① 《刘少奇选集》上卷,人民出版社 1981 年版,第 354 页。
② 毛泽东:《抗日战争后的时局和我们的方针》(1945 年 8 月 13 日),《毛泽东选集》第 4 卷,第 1128 页。

人民群众自己能够解放自己、管理自己。共产党人的责任,就是要利用一切有效的办法,去启发和提高群众的觉悟,促使他们自觉地行动起来。

其四,向人民群众学习的观点。人民群众有着无穷无尽的智慧,有着丰富的实践经验,共产党要更好地为人民服务,要成为人民群众的领导者,就必须虚心诚恳地向人民群众学习。只有虚心地向人民群众学习,把群众的知识和经验集中起来,化为系统的更高的知识,才能够具体地去启发群众的觉悟和自觉,指导群众的行动。

第三,遵守党的群众纪律和规矩。党的群众纪律和规矩,是党的组织和党员在贯彻执行党的群众路线中必须遵循的行为规则,是处理党组织、党员与群众关系所必须遵循的原则和要求。总的原则是,党的各级组织和全体党员不允许以任何借口、手段侵犯和损害人民群众的正当权利和利益。群众纪律是做好群众工作的重要保证。

《党章》强调:"我们党的最大政治优势是密切联系群众,党执政后的最大危险是脱离群众。党风问题、党同人民群众联系问题是关系党生死存亡的问题。"

中国共产党历来重视加强群众纪律,严格执行群众纪律。新民主主义革命时期,党为军队制定的《三大纪律、八项注意》,其中,"不拿群众一针一线""借东西要还""损坏东西要赔""不打人骂人""不损坏庄稼"等,讲的都是群众纪律。

社会主义历史时期,中共中央于1961年1月27日在党内予以公布的"党政干部三大纪律、八项注意(草案第二次修正稿)",其中"同劳动同食堂""待人和气""办事公道""买卖公平""工作要同群众商量",都是党的群众纪律的具体要求。

2015年10月18日中共中央修订印发的《中国共产党纪律处分条例》,专门在第九章,从第105条至第112条,共制定了8条纪律规范。

执行群众纪律和规范，有两点要特别注意：

其一，严禁消极应对群众利益诉求。《中国共产党纪律处分条例》第108条规定：有下列行为之一，对直接责任者和领导责任者，情节较重的，给予警告或者严重警告处分；情节严重的，给予撤销党内职务或者留党察看处分：

（一）对涉及群众生产、生活等切身利益的问题依照政策或者有关规定能解决而不及时解决，造成不良影响的；

（二）对符合政策的群众诉求消极应付、推诿扯皮，损害党群、干群关系的；

（三）对待群众态度恶劣、简单粗暴，造成不良影响的；

（四）弄虚作假，欺上瞒下，损害群众利益的。

2013年1月12日，央视网报道：北漂小伙返乡6次办护照。小周一共补办了多少证明：1.无犯罪证明，2.公司在职证明，3.公司营业执照，4.公司外派人员资格证明，5.本地身份证。就是这五张证明，让他多跑了三千多公里。而记者在公安部网站了解到，像小周这样的普通公民办理因私护照，其实只需要提供身份证和户口本及复印件，然后就是照了照片填了表就行了。说白了，上述那些办事人员让他补办的证明，除本地身份证，其他的其实依法都不需要。这种行为就属于损害人民群众的正当权利和利益。

其二，严禁盲目铺摊子、上项目致使国家、集体或群众利益受损。《中国共产党纪律处分条例》第109条规定："不顾群众意愿，盲目铺摊子、上项目，致使国家、集体或者群众财产和利益遭受较大损失的，对直接责任者和领导责任者，给予警告或者严重警告处分；情节严重的，给予撤销党内职务或者留党察看处分。"

2013年6月，习近平总书记在党的群众路线教育实践活动工作会上讲话时指出："不顾地方实际和群众意愿，喜欢拍脑袋决策、拍胸脯表态，盲目铺摊子、上项目，最后拍屁股走人，留下一堆后遗症。"这是官僚主义作风的典型表现。

江苏省南京市委原副书记、原市长季建业曾被群众称之为"推土机市长"，并送绰号"季挖挖"。据媒体报道，季建业上任南京市长后，立即动用3.8亿元整治市内主要道路，相关开支未经南京市人大批准。2010年7月28日，因施工挖断地下丙烯管道引发震撼全城的大爆炸。季建业的行为就属于盲目铺摊子、上项目。

2014年3月18日，习近平总书记在兰考县委常委扩大会议上指出："现在，脱离群众的现象在某些方面比10年前、20年前、30年前更突出了。问题出在哪儿？不能不引起我们沉思！我看主要是一些党员、干部宗旨意识淡薄了，对群众的感情变化了，作风问题突出了。如果群众观点丢掉了，群众立场站歪了，群众路线走偏了，群众眼里就没有你。古罗马历史学家塔西佗提出了一个理论，说当公权力失去公信力时，无论发表什么言论、无论做什么事，社会都会给以负面评价。这就是'塔西佗陷阱'。"

（三）群众工作的有效经验

2010年时任中央党校校长的习近平在《求是》杂志第7期上发表了《深入学习中国特色社会主义理论体系，努力掌握马克思主义立场观点方法》一文。他在文章中指出："现在，群众路线已经被有些党员干部淡忘了。不少基层党员和群众反映，现在交通工具发达了，干部与群众的距离却远了；通信工具先进了，干部与群众的沟通却难了；干部的学历高了，做群众工作的水平却低了。这种说法，从一些侧面反映出党的群众工作和党群关系、干群关系中存在的问题。这里面既有立场问题、感情问题，也有方法问题、能力问题。"由此而言，要做好群众工作，不仅要解决立场、感情问题，也要解决方法问题。

第一，深入实际的调查研究。深入实际的调查研究，是做好群众工作方法和艺术的首要环节。只有深入实际的调查研究，才能了解群众的所思、所想、所需、所求。

调查研究，包括调查和研究两个环节。调查，是通过各种途径方法，有计划、有目的地了解客观事物的真实情况。研究，是指对调查获得的材料，进行去粗取精、去伪存真、由此及彼、由表及里的探求客观事物本质和规律的活动。它们两者既有明显区别又有紧密的联系。调查是研究的前提和基础，研究是调查的发展和深化。

重视调查研究，是我们党在革命、建设、改革开放各个历史时期做好群众工作的一种重要的方法经验。运用调查研究这一党的群众工作方法和艺术，需要注意以下几个方面的问题：

其一，搞好调查研究，必须深入实际、深入基层、深入群众。调查研究，是对客观实际情况的调查了解和分析研究，目的是要把事情的真相和全貌调查清楚，把问题的本质和规律把握准确，把解决问题的思路和对策研究透彻。这就要求调查研究者必须深入实际、深入基层、深入群众，多层次、多方位、多渠道地进行调查了解情况。只有这样，才能获得新情况，找出解决问题的新视角、新思路和新对策。

其二，搞好调查研究，必须从群众中来、到群众中去，广泛听取群众的意见。人民群众的社会实践，是我们获得正确认识的源泉，也是检验和深化我们认识的根本所在。调查研究成果的质量如何，形成的意见正确与否，最终都要经过人民群众的实践来进行检验。领导者进行调查研究，要放下架子、扑下身子，深入到人民群众当中，倾听他们的呼声，体察他们的情绪，感受他们的疾苦，总结他们的经验，汲取他们的智慧。

其三，搞好调查研究，必须一切从实际情况出发，坚持实事求是的原则，树立求真务实的作风。没有调查，就没有发言权。一切结论应该产生在调查研究之后，而不是事先定好调子。调查研究一定要做到不唯书、不唯上、只唯实。

1961年，刘少奇同志来到湖南某地调查。他谢绝了当地领导的安排，住在一个养猪场的饲料房里。身边的工作人员见他用的被褥过于单薄，便想弄点稻草给他铺铺床。结果，找了半天，也没找到一把。这件事使刘少奇同志感触很深：种水稻的地方竟然找不到稻草。

一天，刘少奇同志到住地后面的山上散步，看到一摊已经风干了的大便。便走过去用脚搓开，弯下腰仔细察看了一下，然后，对随行的人说："你们看，这里面没有多少粮食，农民吃饭已经成了问题。"

在调查中，刘少奇同志为了能看到真实的情况，他常常采用"突然袭击"的方式，"闯"到社员家，看农民吃什么。当他看到身患水肿病的社员艰难地吞咽代食品时，他的眼睛湿润了。语调低沉地说："我对不起你们，对不起大家，搞得大家没有饭吃。"

经过脚踏实地地调查，刘少奇同志掌握了大量的真实情况。这些真实情况为中央制定大政方针，解决群众困难，提供了可参考的第一手资料。

第二，为人民群众谋利益。古人云："得民心者得天下，失民心者失天下"。什么决定民心的向背？简单说来，一句话，就是利益、需求的得失，决定着民心的向背。党员领导者全心全意为人民服务，不是一句空洞的口号，而是实实在在的行动。这种行动，就是要为人民谋利益。这是一种重要的群众工作方法与艺术。学习运用这种方法，要注意以下几点：

其一，树立为人民谋利益的意识。毛泽东同志说过，什么是政治？政治就是要把拥护我们的人搞得多多的，把反对我们的人搞得少少的。要把拥护我们的人搞得多多的，就要满足人民群众日益增长的物质文化需要。"伟大人物总是瞻望未来，人民大众倾心的是现实生存。"中国共产党发动农民群众起来闹革命的政治宣传口号，就是"打土豪，分田地"。正是这"六个大字"，唤起了中国广大的劳苦大众，他们在这种能得到实际利益的过程中，义无反顾地跟着中国共产党去浴血奋战，直到取得革命的最后胜利。

其二，坚持科学发展观。即坚持以人为本，全面、协调、可持续的发展观。以人为本，就是要把人民的利益作为一切工作的出发点和落脚点，不断满足人民群众的多方面需求和促进人的全面发展；全面，就是要在不断完善社会主义市场经济体制，保持经济持续快速协调健康发展的同时，加快政治文明、精神文明、生态文明的建设，形成物质文明、政治文明、精神文明、生态文明相互促进、共同发展的格局；协调，就是要统筹城乡协调发展、区域协调发展、经济社会协调发展、国内发展和对外开放；可持续，就是要统筹人与自然和谐发展，处理好经济建设、人口增长与资源利用、生态环境保护的关系，推动整个社会走上生产发展、生活富裕、生态良好的文明发展道路。

其三，树立正确的政绩观。正确的政绩观，诚如习近平总书记所言："正确的政绩观，体现在政绩的内容上，应该是实实在在、有利于地方和单位的建设和发展；在创造政绩的目的上，应该是为党、为人民，而不是为了一己之私；在创造政绩的途径上，应该是脚踏实地，而不是投机取巧，牺牲后代利益，以浪费资源为代价。"因此，领导者要有"功成不必在我任期"的理念和境界，注意防止和纠正各种急功近利的行为，不贪一时之功、不图一时之名，多干打基础、利长远的事。

第三，正面引导。正面引导，就是用先进的思想来宣传教育群众，用模范的行为来引导示范群众，让广大群众感受到正能量，看到光明的前途，以激发群众的奋斗精神，激励群众的奋斗意志。

坚持正面引导的实质，是相信真理的力量，相信人民群众的觉悟的表现。坚持正面引导，就是相信正确的思想一定能战胜错误的思想。

坚持正面引导的途径，是组织群众学习科学理论，大力宣传先进人物的典型事迹。

坚持正面引导，可以形成积极向上的社会氛围，使人民群众从中受到感染。领导者学习运用这种方法和艺术，需要把握以下几点：

其一，要用科学理论武装群众。用科学理论武装群众的头脑，是正面引导的重要途径。通过科学理论的学习，来提升人民群众的素质。

其二，运用正面引导的方法，还应该大力倡导和扶植反映社会发展方向的、符合人们思想客观实际要求的新思想、新观念。倡导和扶植和这些新思想、新观念，能使广大群众真正认识到党在倡导什么，鼓励什么，从而明确前进的方向。

其三，要大力宣传先进人物的先进事迹，并使之成为广大群众学习的榜样。榜样的力量是无穷的。人是具有从众心理的，先进人物的先进事迹能对人民群众起到示范作用。因此，运用正面教育的方法，必须大力宣传先进人物的先进事迹，弘扬正气，使人民群众学有方向，赶有目标。请看成都"百姓故事会巡讲活动"：

"那是一个普通的早晨，公交司机高洪明行驶到都江堰IT大道时突发脑溢血，他艰难地完成了踩刹车、拉手刹、挂空挡、拔钥匙四个标准的职业动作，在去世之前确保了一车乘客的生命安全……"

1月15日晚7点，在由废旧老厂房改建的成都"东郊记忆"演播大厅里，"2013成都百姓故事会首场巡讲"在寒冬里散发出感人的温暖，包括"成都版最美司机"在内的一个个小故事让不少现场群众热泪盈眶。

这场巡讲共讲了12个故事，故事的主角，除了公交司机高洪明，还有撞人后坚持送人就医的"仁义哥"王冬、曹家巷81岁的自治改造委员会副主任徐恒、成都二环路改造工程的设计师郑苦苦等众多在成都生活的普通百姓。

一些故事的主角还出现在故事会的现场。年轻的成都市兴义镇杨牌村村民张天欢,在丈夫车祸离世后,八年如一日精心照顾残疾的公公和婆婆,群众热烈追捧:"张天欢,你真了不起,我们佩服你!"

"真实的故事最精彩,身边的故事最动人"。在成都"百姓故事会巡讲活动"现场登场的讲述者,全是普通市民,他们的讲述显得有些不够专业,但他们用质朴和真诚,赢得了雷鸣般的掌声。

"零门槛"的"百姓故事会"最大程度地调动了群众的参与性,讲述生活中发现令人感动的人和事,传播每个平凡的个体不平凡的社会正能量。据成都市委宣传部有关负责人介绍,截至目前,已收集故事 2 万多个,吸引近千万人次参与各种形式的故事会。①

印度有个故事:一位老人对孙子说,每个人的身体里都有两只狼,他们残酷地互相搏杀。一只狼代表愤怒、嫉妒、骄傲、害怕和耻辱;另一只代表温柔、善良、感恩、希望、微笑和爱。小男孩着急地问:"爷爷,哪只狼更厉害?"老人回答:"你喂食的哪一只。"

这是一个很有哲理的小故事。一个人喂食哪一匹狼,就会成就哪一匹狼。成都的百姓故事会,传递的是真、善、美等正能量。这种正能量对群众的素质无疑会形成正确的导向。

成都的百姓故事会最大的亮点,是讲百姓身边的事。讲百姓身边的事,百姓感到亲切、可信。

---

① 梁小琴:《四川成都百姓故事会传递正能量》,《人民日报》,2013 年 1 月 16 日。

八、沟通协调的方法与艺术

1933年，法国著名社会学家格兰丘纳斯在分析了上下级之间可能存在的关系之后，提出了一个用来计算在任何管理跨度下，可能存在的人际关系的数学公式：

$$C=n(2^n/2+(n-1))$$

公式中，C为可能存在的人际关系，n表示管理的跨度，即下属的人数。根据这个公式，如果一个人直接领导着6位下属，他需要面对的关系就是222种；如果他直接领导着8位下属，他需要面对的关系就是1080种。

这似乎有些夸张，但也不能否认领导者与下属之间是一个很复杂的关系。领导者，不仅与下属之间是一个很复杂的关系，与上级领导、同级同事、服务对象，都是一个很复杂的关系。

有一项调查，提出过这样一个问题：在工作中最棘手、最难处理的问题是什么？结果98%的领导者回答：人际关系。

所以，卡耐基认为，一个人事业上的成功，只有15%是由于他的专业技术，而另外的85%则要靠他的人际关系和处世能力。领导者要处理好人际关系，必须有效地进行人际沟通和协调。如果不能有效地进行沟通和协调，就处理不好人际关系，就会影响领导工作。那么，什么是领导沟通与领导协调？

领导沟通，是指领导者在领导活动的过程中，为推进领导工作，实现领导目的，所进行的信息传递和了解的过程。

领导协调，是领导者在领导活动的过程中，为实现既定的组织目标，而对相关的因素，即人与人、人与事、事与事等，所进行的配置与调整，使之发挥最佳整体效能的活动。

沟通与协调，是两个不同的概念。既然是两个不同的概念，为什么还一起讲？因为沟通是求观念一致，协调是求行动一致。沟通是手段，协调是目的。可见两者密不可分。

（一）与上级领导沟通与协调的关键

"贞观之治"，魏徵有不可磨灭之功。作为下级，魏徵可谓尽心尽职。他敢于犯颜直谏，敢于面析廷争。他告诫唐太宗，"水能载舟，亦能覆舟"；"兼听则明，偏信则暗"。

正是由于有了魏徵这一"下级"，唐太宗才能励精图治，把国家治理得繁荣昌盛。因此，当公元 643 年魏徵因病去世时，唐太宗甚为痛心，他亲自为魏徵撰写碑文，并对身边的大臣说："人以铜为镜，可以正衣冠；以古为镜，可以见兴替；以人为镜，可以知得失。魏徵没，朕亡一镜矣！"

然而，就是这位让唐太宗无限思念的魏徵，还差一点死于唐太宗之手。原来魏徵在进谏时，经常不给唐太宗留面子。开始时，唐太宗还能宽容。终于有一次，魏徵彻底惹恼了唐太宗。唐太宗愤愤地要杀了他。幸亏长孙皇后救驾，魏徵才幸免于难。《资治通鉴》记载了此事：

上尝罢朝，怒曰："会须杀此田舍翁。"后问为谁，上曰："魏徵每廷辱我。"后退，具朝服立于庭，上惊问其故，后曰：

"妾闻主明臣直；今魏徵直，由陛下之明故也，妾敢不贺！"上乃悦。

魏徵的经历，告诉后来者：作为下级，在配合上级领导工作时，不仅要尽心尽责，还要讲究一定的方式方法，否则，就有可能祸及自身。

作为下级，除了要具有良好的综合素质和较强的工作能力外，还必须主动与上级领导协调沟通好关系。具体说来，应该做到以下几点：

第一，尊重而不奉迎。尊重而不奉迎，是下级与上级领导沟通协调好关系的首要原则。按照布朗戴斯大学教授马斯洛的需要理论来解释，人都有获得尊重的需要，即对力量、权势和信任的需要；对名誉、威望的向往；对地位、权力、受人尊重的追求。上级领导也不能例外。因为尊重可以使上级领导的威望提升，可以使上级领导的影响力增强，从而保证他所领导下的工作得以顺利开展。所以，上级领导无不渴望下级的尊重。

作为下级，应该了解上级领导的这一心理特点，尊重上级领导，在各方面维护上级领导的权威，支持上级领导的工作。尊重是下级与上级建立良好关系的前提，是以大局为重的表现。

但是，尊重绝不等于奉迎吹捧。奉迎吹捧是庸俗关系学的表现，是违背党的组织原则的行为。奉迎吹捧只能导致政治腐败。因此，明智的上级领导是不欢迎奉迎的下级的。因为他知道，奉迎吹捧的背后有着不可告人的目的。一味的奉迎吹捧，会使自己骄傲自满，飘飘然，长此以往，就要高高在上，严重脱离群众。一个离开群众支持的领导最终只能走向毁灭。

第二，服从而不盲从。服从而不盲从，是下级协调沟通好与上级关系的另一个重要原则。下级服从上级是党的民主集中制的一个基本原则。在一个领导集体中，没有服从，就没有领导，也就不能形成统一的意志和力量。服从,是对党的事业、人民的事业高度负责的理性行为。因为在我们社会主义国家里,领导者的权力是人民赋予的,领导者的权力只能用来为人民谋利益,"权为民所用,利为民所谋,心为民所系。"所以,服从上级领导,实际上并非是服从上级领导者个人,而是服从于人民的根本利益。

当然,下级服从上级不是盲目地、机械地、无原则地服从,而是要建立在对党的事业、人民的事业认识一致的基础上的服从,建立在民主基础上的服从。也就是说,下级服从上级的前提,是下级一定要确认上级领导的指令、要求、意图符合党的路线、方针、政策,符合人民群众的根本利益。如果是一些歪门邪道、违法乱纪、以权谋私的坏点子,下级不仅不能照办,还要坚决抵制和反对。

第三,到位而不越位。按照组织分工负责制度,每一位领导者在组织系统中都扮演着特定的社会角色。下级在协调与上级领导的关系中,作为下级领导,一定要明确自己的角色定位,清楚自己的工作职责,积极主动、尽职尽责地做好工作,而不越位侵权。

"越位",原是足球规则术语,它是指在进攻时,攻方队员不能在传球前超越对方最后一名防守后卫。在赛场上,"越位"是违反比赛规则的。尽管你经过全力拼搏,甚至把球攻进了对方大门,但也不算数,相反,倒使对方得到了发球权,劳而无功,反而有损。

领导工作也有越不越位的问题。领导工作中的"越位",是指领导者的言行超越了自己的权限。比如,三国时,曹操"挟天子以令诸侯",就是严重的"越位"行为。

社会心理学家认为,有效的社会行为有赖于两个方面:一是个人对个别社会事件和社会刺激的准确认知;二是包括自身在内的各种社会角色的准确认知。现实社会,就像是一个大舞台,每个人都有自己特定的角色地位,这种角色地位,是社会客观赋予每个人的,是每个人的身份，谁都不应越位。

越位，往小里说，会影响交际；往大里说，会造成社会混乱。尤其是上下级领导之间，更要防止"越位"情况的发生。

足球场上"越位"，劳而无功；工作中"越位"，也是费力不讨好。上下级领导虽然目标一致，需要紧密配合，但毕竟负有不同的职责，这种不同的职责规范了各自的社会角色地位。领导者必须在各自不同的地位上，司其职，负其责，而不能相互替代，特别是下级更不能超越自己的权限，去"替代"上级的工作。因为这种行为的发生，不仅会给工作带来混乱，妨碍上级领导职能的发挥，还会影响上下级关系。被越位的上级领导会把下级的越位看成是对自己的不尊重，对自己权力的侵犯。因而，上级领导会把越位的下级视为有野心者，并对下级事事加以防范。如有机会，上级领导还可能对下级加以制裁。所以作为下级应该准确认知自己的角色地位，明确自己的角色规范，按角色规范行事，自觉防止越位现象的发生。

一般说来，下级在沟通协调与上级领导的关系时，应该注意在以下几个方面不要越位：

其一，决策不要越位。决策，是领导活动的基本内容，体现着领导者的思想意识。不同职位的领导者有着不同的决策范围，决策权限。下级应该根据自己的职责权限，决策自己职责范围内的事项，而不要超越自己的职责权限去替上级"拍板定案"。否则，就是越位。

其二，表态不要越位。表态，顾名思义，就是表明人们对某事、某物的态度。在领导活动中，表态也是与人的角色地位相关联的。因此，哪些事项该由上级表态，哪些问题该由自己表态，下级领导一定要心中有数。以便该表态时表态，不该表态时就不要超越权限去表态。否则，就是越俎代庖。

其三，社交不要越位。下级与上级有时会同时出现在社交场合。在此场合下，作为下级一定要遵循社交礼仪，尊重上级，不要使自己的形象比上级突出。比如，在进入社交场所时，下级应让上级先走；如果是两个人并排行走，下级应让上级走在右侧或内侧；遇有媒体露脸的时候，一定不能抢镜头，显露自己。

其四，交往不要越位。虽然按照党的民主集中制原则，上级与下级是平等的、同志式的合作关系。但即便如此，下级在与上级交往时，也一定不要忘记自己的职位身份，免得越位。比如，汇报工作、请示工作时，态度要谦虚，表现出对上级的敬重；提建议，谈看法时，要注意措辞，千万不能摆出一副居高临下、无所顾忌的派头。

第四，揽事而不弄权。 作为下级，在沟通协调处理与上级的关系时，还要善于揽事。所谓善于揽事，并非是说让下级去揽属于上级职责的事，去揽其他领导分管的事，而是说要善于去揽属于自己职责范围内应该做的事。

其一，对自己分管部门的工作要敢于决策，善于管理，勇于承担责任。

其二，要积极为上级领导当好参谋，配合、协助上级领导做好工作。因此，下级在做好自己分管的工作，管好自己的一亩三分地的同时，还应该站在全局的高度去为上级领导出主意，提建议。

其三，对上级领导在工作中出现的疏漏、失误，要勇于及时指正，巧于修正弥补。不能当事后的诸葛亮，更不能背后说三道四。

其四，对上级领导工作中、生活中遇到的困难，下级要在不违背原则的条件下，为其排忧解难。

下级在沟通与协调处理与上级的关系中，不仅要善于揽事，还要不拆台弄权，不阳奉阴违，不背后搞小动作。这是领导者必备的官德。

（二）与下属群众沟通协调的要领

有两只困倦的刺猬，由于寒冷而拥在一起。可因为各自身上都长着刺，于是它们离开了一段距离，但又冷得受不了，于是再凑到一起。几经折腾，两只刺猬终于找到一个合适的距离：既能互相获得对方的温暖而又不至于被扎。

"刺猬"法则就是人际交往中的"心理距离效应"。这种"刺猬"法则，对领导者如何沟通协调与下属的关系，也有着一定的启示作用。

人们常说，距离产生魅力，距离维持魅力。借用《手机》里的一句台词：太近了容易导致"审美疲劳"；而太远了，又容易疏远。

领导者与下属交往，也要保持一定的距离。当然，这个距离一定要适当，既不可太近，也不可太远。

距离太近，领导者容易失去威严感、神秘感，时间一长，下属就可能不怎么把你当作一回事，这不利于工作。

距离太远，"可望而不可即"，让人"敬而远之，望而生畏"，神圣得不可接近，也似乎没有人买账。

领导者要做好领导工作，应该既与他人保持密切的关系，以获得他人的尊重；又要与他人保持一定的距离，避免在工作中丧失原则。

第一，尊重下属，以礼相待。与下属群众沟通协调，首先要尊重下属群众。虽然人与人之间地位有高低，权力有大小，但在人格上是平等的。因此，领导者在与下属群众沟通协调时，一定要尊重下属的人格，不能盛气凌人。你尊重了下属的人格，下属才能敬重你拥戴你。

管理领域有这样一句名言："你要把下属当'人'，他会把自己当'牛'；你要把下属当'牛'，那他会把自己当'人'。"这句名言说的就是领导者要尊重下属。

任何下属群众都有自尊心，都有人格，上级领导如果能够尊重下属，对下属以礼相待，下属就会尽心竭力地工作；领导者如果随意怠慢和轻视他，下属就会消极怠工，甚至对领导者产生怨恨不满。

2006年7月17日的《北京晨报》，报道过这样一件事：2004年4月，17岁的河北男孩张俊峰来北京打工。张俊峰因为干活儿出错，总受到老板刘某的批评。据张俊峰供述，有一次他送了3瓶水，应记成3元，但他记成了1元，老板知道后骂他是"家贼"，这让张俊峰心里非常难受。

回家后，张俊峰被父母送到一所计算机学校学习，但在学校里，张俊峰总会想起自己在水站受到的批评。这种情绪积压久了就变成了仇恨，随之他想到了报复："杀了他的儿子，让他一辈子也过不好。"

2005年6月4日，张俊峰来到刘某家，将刘某11岁的儿子杀死。2005年12月6日，北京一中院以故意杀人罪判处张俊峰死刑，2006年7月18日，张俊峰被押赴法场执行死刑。

对此，早在2000多年前，孟子老先生就对齐宣王讲过。他告诉齐宣王说："君之视臣如手足，则臣视君如腹心；君之视臣如犬马，则臣视君如国人；君之视臣如土芥，则臣视君如寇仇。"①

第二，信任下属，以诚相待。领导者不仅要尊重下属，还要信任下属，与下属坦诚相见。否则，下属就不会与领导者齐心协力。因此，领导者要心胸坦荡，放下架子，真诚地对待下属群众。马克思在《1844年经济学哲学手稿》中说过："只能用爱来交换爱，只能用信任来交换信任……如果你想感化别人，那你就必须是一个实际上能鼓舞和推动别人前进的人。"这是经验的总结。因为在社会生活中，人有各种各样的需要，信任的需要就是其中的一种。如果下属的这种需要得到了满足，

---

① 《孟子·离娄章句下》，杨伯峻译注，中华书局，1960年1月版，第186页。

他就会增加对领导者的信任。

演讲家李燕杰讲过这样一件事。这件事虽然不是领导与下属之间的沟通协调，但对我们正在谈论的话题还是有启迪作用的。

一天，李燕杰家来了一位浓妆艳抹的年轻姑娘。她长长的鬈发披肩，短短的裙子露膝，脚上的高跟鞋红得耀眼。看着开门的李燕杰，这位不约而至的姑娘用诚恳的语气说："李老师，听了您的报告，我想做您的学生。"

李燕杰忙请姑娘进屋，并热情地招呼她坐下。不料，姑娘坐下的第一句话就说："李老师，我不是个好人！"说着，便掩面哭起来。原来，姑娘在刚满16岁的时候，被坏人给糟蹋了，从此，她越陷越深，不能自拔。当她想结束噩梦，重新做人时，她又没有勇气和信心。于是，在听了李燕杰的演讲报告后，她便登门拜访来了。

姑娘述说完自己的不幸遭遇和堕落经历，哽咽着问李燕杰："李老师，您相信我还能变好？"

"相信！你今天来找我，不就是想进步吗？"

听了李燕杰的话，姑娘从座位上腾地站了起来，对李燕杰说："谢谢您！谢谢您！"说完，就告辞了。

姑娘离开后，李燕杰想了很久：她今天来是干什么的呢？难道仅是为了叙说自己的不幸和堕落吗？不是，她是来寻找"信任"的。

第三，关爱下属，以情相待。古人云："感人心者，莫先乎情。"领导者要与下属沟通协调好关系，要在尊重、信任的基础上，关心爱护下属，了解下属群众的疾苦，"饱而知人之饥，温而知人之寒，逸而知人之劳"。

当下属群众在生活、工作和学习中遇到困难的时候，领导者要能及时予以帮助，让他们感受到上级领导的关爱之情。只有这样，上下级之间才能建立起融洽的亲情般的关系。

1966年3月8日,河北省邢台地区发生了强烈的地震。灾难发生的第二天,周恩来同志就赶赴灾区视察,指导抗震救灾。

大震之后,余震不断发生。抗震救灾指挥部的房屋,摇晃剧烈。房顶和墙上的泥土也直往下落。正在指导抗震救灾工作的周恩来同志身上落了很多土。

考虑到周恩来同志的安全,有人提议让他离开这里。可周恩来同志掸了掸身上的土,说:"没什么,继续吧。"这天夜里,在余震的威胁下,周恩来同志一直在指挥部部署灾后救援工作到深夜两点。

在重灾区,周恩来同志一个窝棚挨一个窝棚地看望受灾群众,对他们说:"你们受灾了,毛主席派我来看望你们!"他还不时地摸摸老乡被褥的薄厚。

现场召开的群众大会上,在白家寨村周恩来同志多次站在木箱上向大家讲话,鼓励大家战胜灾难,重建家园。在何家寨村的会场上,六七级大风卷着黄土扑面而来,周恩来同志把群众安置在背风的地方,而他自己却站在木箱上迎着风讲话。

视察期间,周恩来同志经常顾不上喝水和吃饭,经常连续工作近二十个小时。老贫农贺金胜激动地说:"总理呀,解放军把我们救出来,您整天为我们操劳国家大事,还亲自来看我们,这可叫我们怎么报答您呢?"①

灾难发生,身为总理的周恩来,想到的不是自身的安危,而是人民群众的生命安全,人民群众的困难如何解决。正是这种对人民群众的关爱之情,感动了人民群众。

第四,赞扬有度,批评有术。下属是需要赞扬的,赞扬就是对他的肯定,会调动他的工作积极性。下属有了缺点错误也是需要批评的,不

---

① 杜修贤:《最后的传奇》,人民出版社,2007年9月版。

批评也会助长他们工作的消极性，在错误的道路上越走越远。但赞扬要有度，批评要有术。

所谓赞扬有度，是说赞扬下属，要实事求是地赞扬，因人而异地赞扬，避免套话。没来由的赞扬、夸大其辞的赞扬、套话的都有害于沟通协调的效果。正如高尔基所言："过分夸奖一个人，结果就会把人给毁了。"只有真诚实在的赞扬、因人而异的赞扬才能打动人心。陈（毅）粟（裕）大军在孟良崮战役中消灭了张灵甫的王牌师后，名声大振，受到了广泛的赞誉。一次，毛泽东见到粟裕时，幽默地说："孟良崮战役打得好，打得很突然，有两个人没有想到，你猜猜是谁？"粟裕先猜了一个说："蒋介石没有想到。"毛泽东说："对！"接着他又问："另一个是谁？"粟裕又猜了何应钦、张灵甫，毛泽东都说不对。粟裕猜了半天没猜着。毛泽东看着他那大惑不解的样子，笑着告诉粟裕："另一个就是我。"

毛泽东对粟裕的赞扬是很讲究艺术的。他先对陈、粟的孟良崮之役做了一般性的评论，接着，话锋一转，巧妙地赞扬了陈、粟战略战术的高明。话虽然不多，但称赞得实实在在，发自肺腑。

所谓批评有术，是说批评下属的时候，领导者一定要注意方式方法，讲究批评的艺术。

批评要实事求是。批评，是一件非常严肃的事情，不能道听途说，捕风捉影，无真凭实据就随便指责下属，也不能凭主观印象、自己的好恶，信口开河地训斥下属。批评下属要坚持实事求是的态度，即搞准事实，分清责任，查明原因。对错误的程度和性质，要进行合乎实际的分析，不夸大，不缩小，"是"就是"是"，"非"就是"非"，不能把一般问题说成是严重问题，把认识问题说成是政治问题，把偶然的、个别的错误，说成是一贯的、系统的错误，一切都要以事实为依据。

批评要对事不对人。虽然被批评的是人，但绝不能搞人身攻击。其实，具体的事都是具体的人做的，批评了事使问题得到了纠正解决，也就等于批评了当事人。

批评要选择合适的时机和场合。一般说来，涉及原则性的问题，适宜于在专题民主生活会、一般组织生活会和有关行政工作会上进行批评；日常工作上的一般性问题，适宜于在会议以外其他场合和气氛中进行批评。如，工作间隙、茶余饭后等。而且赞扬气氛宜浓，批评气氛宜淡；赞扬场合宜大，批评场合宜小。

焦裕禄同志就深谙这一批评艺术。在他刚到兰考任县委书记不久，一位公社书记犯了错误。在县委研究对这位公社书记进行处理时，多数人主张"队前亮相"，公开处罚，让他骄不起来，傲不起来，站不起来，丢尽脸，出够丑。

焦裕禄认真地听完了大家的意见，然后劝说大家不要把这位干部一棍子打死，要尽量缩小知道他丑事的范围，给他将功补过的机会，可以把他下放到最艰苦的大队去接受考验锻炼。

在焦裕禄的耐心劝说下，县委一班人同意了他的意见。这位公社书记知道了对他的处理意见后，感动得泪流满面。临行前，他挥泪立下了"军令状"。

由于在众人面前没有包袱，他一到那里便放开手脚组织群众治水治沙，使那个长期靠吃国家返销粮过日子的大队，一年就摘掉了吃返销粮的帽子。他本人也用汗水洗刷了心灵上的污垢。试想，如果不这样处理，让所有人都知道他的丑闻，让他背着处罚的包袱去改造，他的精神面貌肯定不会发生这么快的变化，干劲也不会这么足。

（三）与同级同事沟通协调的方法

美国加利福尼亚大学的学者曾经做过一个实验：他们把 6 只猴子分

别关在 3 间空房子里，每间 2 只，房间里分别放着相同数量的食物，但放的位置高度不一样。

第一间房子的食物就放在地上，第二间房子的食物分别从易到难悬挂在不同高度的适当位置上，第三间房子的食物悬挂在房顶。数日后会出现什么情况？

数日后，他们发现，第一间房子的猴子一死一伤，伤的缺了耳朵断了腿，奄奄一息。第三间房子的两只猴子也死了，只有第二间房子的猴子活得好好的。

究其原因，第一间房子的两只猴子一进房间就看到了地上的食物，于是，为了争夺唾手可得的食物而大动干戈，结果死的死，伤的伤。第三间房子的猴子虽做了努力，但因食物太高，难度过大，够不着，被活活饿死了。只有第二间房子的两只猴子先是各自凭着自己的本能蹦跳取食，然后在房间跑着对角线增加助跑距离跳跃取食，最后，随着悬挂食物高度的增加，难度增大，两只猴子只有协作才能取得食物，于是，一只猴子托起另一只猴子跳取食物。这样，每天都能取得够吃的食物，很好地活了下来。

猴子取食的实验，说明了同事之间沟通协调的重要性。良好的沟通协调，能增加向心力和凝聚力，形成共同的合力，推动工作，保证事业的成功。否则，容易产生隔阂，造成内耗，给工作带来一定的影响。

与上级沟通协调、与下属沟通协调很重要，与同级同事沟通也很必要。

在一个以群体为主流的社会里，每个人的一生中至少有一半以上的时间必须跟各种各样的同事待在一起。如果跟同事沟通协调得好，大家心情愉快；如果沟通协调不好，谁见谁都烦，心情肯定不愉快。

说到同级之间的沟通协调，有一位名人曾经说过这样一句话：其实，人一辈子活的就是周围那么几个人。

想想看,世界上有几十亿人,但咱们认识的有多少?咱们经常打交道的人又有多少?家人、同事和为数不多的亲朋好友就构成了咱们一生中生活的"小环境"。要想让这个小环境和谐,就得学会跟同级同事沟通协调。

第一,不要高看自己,也不要低看同事。一个人"高"不"高",不在于自己怎么看,而在于别人怎么看。

"高看自己,自己不一定高",但"低看同事,自己却一定是低。"

在道德上,他先输同事一筹。一个道德高尚的人,绝不会"看自己是一朵花,看他人是豆腐渣。"

在能力上,他会故步自封。一个视同事为"豆腐渣"的人,他怎么会虚心向同事学习。一个人要总是以自我为满足,是不可能成长进步的。不仅不能成长进步,甚至还会退步。

不高看自己,才能正确认识自己,才能正确认识同事。但事实上,有的人往往高估自己,低看同事,这是跟同级同事沟通协调之大忌。

有的人担任了某一领导职位,就自以为高人一等,了不起,盛气凌人。如果有人敢于在他面前陈述不同意见,他就会暴跳如雷,认为是挑战他的"权威"。

有的人在学术上取得了一点点成绩,就自以为自己是学术界的"老大",把同行不放在眼里。我就亲耳听过某人说:"把某某大学18个教授绑在一起,他们也不如我"的狂妄之语。

这是什么?这就是"高看了自己"。殊不知,"山外青山楼外楼,更有英雄在前头";"智者千虑,必有一失";"术业有专攻"。要知道,盲目地自我陶醉,比面对的公开的挑战更具有危险性。这就是人们常说的:"自高必危,自满必溢"。

获得成功,不要以为自己就很完美;取得成就,不要以为自己就功高盖世;有点名声,不要以为自己就名震寰宇;身居高位,不要以为自己就不可一世。这样做的结果，同级同事就会对他敬而远之，视为不可合作者，这自然会对沟通协调起到阻碍作用。

第二，不赞同他的观点，但可思考他提出问题的角度。人的经历不同，受教育背景不同，家庭环境也不同，因此，对同一客观事物就会有不相同的认知。因此，跟同级同事沟通协调时，要善于换位思考。尽管您可能不赞同他的观点，但可以思考他提出问题的角度。这样就会避免不必要的争论。如果一个人跟同级同事经常争论不休，会影响彼此之间的关系。戴尔·卡耐基是美国著名的成人教育家，他常跟人们谈起他的一段难忘的教训：第一次世界大战结束后不久，卡耐基在伦敦为罗斯·史密斯勋爵作管事。战争期间，罗斯勋爵是澳大利亚驻马达勒斯坦的王牌飞行员。

战后，罗斯仅用了 30 天的时间，就驾驶着飞机绕着地球几乎飞了一周。他的壮举轰动了英国、澳大利亚、乃至整个世界。英国政府为他封爵，澳大利亚政府奖给他 5.5 万美元。一时间，他成了大英帝国的名人，许多人把他作为偶像来崇拜，并不时地设宴为他庆贺。一天晚上，卡耐基陪同罗斯勋爵参加一个宴会。席间，坐在卡耐基旁边的人说了一个幽默的故事，其中提到一句引语："不论我们怎样辛苦图谋，却早已有一种冥冥中的力量把我们的结局安排好。"

讲故事的人说，这句话出自《圣经》。卡耐基知道，他记错了，这话是莎士比亚说的。于是，卡耐基便毫不客气地纠正了他。讲故事的人不服："什么？你说这话是出自莎翁的著作？不可能，绝对不可能！荒唐！我记得清清楚楚，那句话是《圣经》上讲的。"

卡耐基跟他争得面红耳赤，也没争出个结果。后来，只好让在座的弗兰克·甘蒙德裁决。甘蒙德是卡耐基的好朋友，他多年潜心研究莎士比亚，可称得上莎士比亚专家。在请他裁决之前，他一直静静地听着他们两位的争辩，现在见请他出来发表意见，他便在桌子下踢了卡耐基一脚，然后说："戴尔，你错了。这位先生是对的，引语出自《圣经》。"

听了弗兰克的话，讲故事的人扬扬得意；而卡耐基却大感不解：弗兰克明明知道是他错了，为什么还要说违心的话？

在回去的路上，卡耐基对弗兰克说："弗兰克，你是知道的，这个引语出自莎士比亚的著作！"

"那当然。"弗兰克笑着说："它出自《哈姆莱特》第五场第二幕。但是，我们是这个欢宴场合的客人。戴尔，为什么要证明一个人是错的？这会使他喜欢你吗？为什么不让他保全面子？他并没有问你，他也不想问你。为什么跟他争吵？"

听了弗兰克的话，卡耐基觉得自己受到很大的启发。他对弗兰克说："老朋友，我将永远记住这件事。因为我这样做，不仅使讲故事的人不愉快。还使你处于尴尬境地。如果我不那么好争吵，那情况会比现在好得多。"

后来，卡耐基就此事总结教训说："获得争论最佳结果的唯一方法，是避免争论。你要像躲避响尾蛇和地震一样避开不必要的争论。"

在这次谈话之前，卡耐基是个积习很深的争辩者，凡事都要跟人论个长短曲直。他在家跟兄弟争吵，在学校跟老师、同学论辩，像个好胜的斗牛士。结果，弄得老师不大喜欢他，同学们也对他避而远之。然而，当他听过并参加过成千上万次的争论之后，他感慨地说："十次争论中，有九次会使争辩双方更坚信自己一方是完全正确的。""你无法赢得一场争辩。如果你输了，那便是输了；而如果你赢了，实际上你也输了。"

这是为什么呢？比方说，你击败了某人，把他驳得体无完肤，甚至证明他精神不正常。然后呢？你心情舒畅，但是他怎么样？你使他感到低人一等，你伤了他的自尊心。他将怨恨你的胜利。假如遇到的是一位违心服理的人，即使他让你得胜，他的观点还是照旧。

第三，不要计较自己的利益得失，要从大局出发。邓小平同志多次强调领导者"要从大局出发，照顾大局"。所谓大局，就是党和人民的事业，就是组织的整体利益。

班子成员之间、同事之间相处，最忌只考虑自身的利益，而不为他人着想。有好处拼命捞取，有责任拼命推卸。最忌小肚鸡肠，听不得任何不同的意见。一个人心胸要是狭窄，就会无事生非。因此，要处理好与同级同事之间的关系，就应该从大局出发，就必须宽容，有"海纳百川，有容乃大"的气度，"不责人小过，不发人隐私，不念人旧恶"。求大同存小异。这是沟通协调好与同级同事关系的重要一环。

九、思想工作的方法与艺术

思想政治工作,是我党的优良传统和政治优势,也是领导者在领导活动中必不可少的工作任务。而要完成好这一工作任务,必须寻求恰当的方法。因为方法之于思想政治工作任务,就像过河的船与桥一样重要。正如毛泽东同志在《关心群众生活,注意工作方法》一文中所说:"我们不但要提出任务,而且要解决完成任务的方法问题。我们的任务是过河,但是没有桥或没有船就不能过。不解决桥和船的问题,过河就是一句空话。不解决方法问题,任务也只是瞎说一顿。"

(一) 疏导的策略

疏导,是解决他人思想问题的一种重要路径。疏导,顾名思义,就是疏通引导。它本指开通阻塞的渠道,使水流畅通。思想政治工作中的疏导,是指广开言路,让工作对象畅所欲言,说心里话。并在此基础上,用正确的思想或理论说服教育工作对象,把工作对象头脑中存在着的不正确的思想引导到正确的方向和轨道上来,或解开其思想疙瘩,以达到团结奋斗的目的。

第一,因势利导。古时候,燕国有一个叫赵礼的人,他有一块田就在路旁。这条路有一段比较低洼。一到下雨时，路上就积了好多水，泥泞难行。行人便都从他的田里绕道走，踩坏了很多庄稼。为此，赵礼在他的地头插了块"禁止通行"的牌子。牌子插上之后，行人仍然熟视无睹，照走照踩不误。赵礼很生气，便另生一法，在这段低洼路和田地中间挖了一条行人难以跨越的鸿沟。谁知适得其反，不仅没有堵住行人踩庄稼，反而由于行人要绕大弯子而踩了更多的庄稼。后来，他冷静地想了想：人总是要走路的，而且不愿走坏路，如果我把这段路修好，他们不就可以不从田里绕了吗？于是，他排积水，填洼处，给行人铺了一段平坦的路。路铺好后，他田里的庄稼再也没被踩过。

这是一个很有哲理的小故事，它启示人们："堵而抑之，不如疏而导之"。这道理很适用于思想政治工作。思想政治工作的一项基本任务，就是要解决人的思想问题。而思想问题的解决，靠堵而抑之，是不行的，必须疏而导之。

明代治水专家潘季驯，在总结他多年的治水经验时说："治水，必因其性，性之所趋，不能遏而使止。""水性就下，治水先纵下泄"。是的，治水必须依据地形之高低，水势之曲直，流量之大小，河道之宽窄，来采取有效的措施，才能"束水归槽"；思想政治工作更是这样，也要顺应人的思想活动规律，根据人的思想发展的原本趋向，来因势朝好的方向引导。工作对象的"势"，常表现为思想觉悟之"势"，对问题"焦点"的关注之"势"，对事物喜好的特长之"势"，思想政治工作者只有善于发现、摸清这些"势"，才能"因势利导"。

十月革命以后，数以万计的农民从全国各地来到莫斯科。他们由于极度仇恨沙皇，强烈要求焚烧皇宫。列宁派人去做说服工作，但一连三次都没有成功。列宁只好亲自出马。

面对激愤的农民，列宁神色镇定地说："烧房子可以，但在烧房子之前，让我讲几句话行不行？"

农民听列宁"同意"他们烧房子,情绪稳定了下来,他们回答说:"可以。你讲吧!"

就听列宁问:"沙皇的房子是谁建造的?"

农民答:"是我们自己造的。"

列宁又问:"我们自己造的房子,不让沙皇注,让我们农民代表住好不好?"

农民答:"好!"

列宁再问:"那么还要不要烧掉呢?"

农民觉得列宁的话有道理,便放弃了自己的要求。

为什么别人三次做工作都以失败告终,而列宁与农民一次见面就马到成功?原因非常明显,就是他善于因势利导。他根据农民当时的思想觉悟之"势",焚烧皇宫的思路之"势",先顺其自然,表示"同意",稳住了农民的情绪,为自己赢得了说话的机会,然后又巧妙地设问,将农民的思想引导到正确的轨道上来,从而成功地解决了群众的思想问题。

第二,分流减势。分流减势,是我国传统的治水泄洪措施,就是在主河道的两侧多开支河,使主河道水向多处分流,将洪峰期的大水化小,急流化缓。这种方法运用在思想政治工作中,就是在诸多矛盾、诸多问题、诸多因素中,区分主次矛盾,轻重问题,内因外因,化急为缓,变重为轻,减大为小,来分而治之。

有位学生纪律松散,常顶撞老师。一天,他被前一节课的老师批评后,在第二节课时故意将桌椅横放在教室后门门口。准备新的"战斗"。上课的老师走进教室,立刻发现这个学生不对头。但他没有批评这位学生,而是微笑着装"傻"说:"同学们知道俗语'春捂秋冻'的道理吗?"

听了老师的问话,同学们都莫名其妙,坐在门边的学生也竖起了耳朵。老师接着说:"春初秋末天气冷热无常,如果春天过早地减衣,秋天过早地添衣,身体一时不能适应气候的变化,就容易感冒。"说到这里,老师把语锋一转,和颜悦色地说:"××同学一定是课间活动热了,想坐在门口图个凉快,不过这样一来,寒气乘虚而入,要感冒的。还是'捂'一点好,对不对?"

在同学们的善意笑声中,这个学生下意识地掩了掩敞开的衣服,不好意思地把桌椅搬回了原处。

老师并非不知这位学生是有意捣乱,但他明白,此时要是对这位学生进行批评,肯定弊大于利。于是他便采取了减大为小"傻"处理的方法,佯装糊涂,巧妙地解决了问题。显然,这位老师的"愚"、"傻",并非真"愚",真"傻",而是"愚"中有大智慧,"傻"中有大聪明。

第三,疏浚清淤。浚,本指疏浚清理淤积的河道。思想政治工作中的"浚"则是指清理工作对象头脑中沉淀的各种根深蒂固的落后思想。人是有精神的,如果社会的政治、文化、道德的某一方面出现不正常的状态,就会影响人的情绪,造成精神堵塞。交通堵塞,不疏导,路就不通,车就过不去;人的精神堵塞,也需要疏导,不疏导,就会"积病成灾"。因为"冰冻三尺非一日之寒"。这就需要从根上"清淤"。

小王在一家国企工作。一天,公司的经理把他找去,安排他去做一项工作。

小王一听,就拒绝了,并说:"每次碰到难办的事,都派我去。我怎么就这么倒霉!不好的事情,怎么老是落到我身上?"

其实,经理并不是故意找小王的麻烦。他对所有的部下都一视同仁。他选派小王去做的理由,是从工作着想,认为只有小王才有能力完成这项任务。听了小王的话,经理觉察出小王心中有怨气。经理决定先不说明派他去工作的原因,而是引导他宣泄出心中的不满。于是,便有了下面的对话:

主任:"为什么你会这样想呢?"

小王:"可不是吗?每次碰到难做的工作,总是轮到我。如果是偶尔碰上几次,我也没话说,可是,每次都这样,我理解不了!"

经理:"你以为别的同事没有做过很难的工作,是不是?"

小王:"虽然他们也做过,不过,我被指派的次数最多。"

经理:"我没有想到你会这么想。为什么?"

小王:"其实,我也不想讲出来,不过,我认为经理不大公平。虽然,在别的方面,经理是很公平的。"

经理:"你以为我把难做的工作都派给你做,所以,你就有些想不开。我理解你的心情。不过,事实并不是这样。你想,这种难做的工作是每个人都能做得好的吗?我怎么会拿公司的利益当儿戏呢!我认为,不论从学识、经验、能力,还是从其他方面,你都比其他人胜任这项工作,所以,我就想到了你。至于你说总派你做难做的工作,道理是同样的。"

小王:"对不起,是我错了。谢谢经理对我的看重!您放心,我一定尽力把这项工作做好。"

应该说这位经理很会做思想政治工作。当他了解到工作对象心中有不满情绪时,他不是训斥一顿,解释一番了事。而是用诱导的语言引发小王宣泄出心中的不满情绪。待小王发泄了心中的郁闷,心情平缓下来,他才解释了原因。结果,小王不仅心中的怨气没了,自尊心也得到了极大的满足。于是,他便高高兴兴地去工作了。

这种方法如果给它起个名字,可以叫"宣泄排淤",就是让工作对象自己把心中的积郁吐露出来,然后再针对其积郁进行引导。

让工作对象尽情宣泄,是一种有效的清淤措施。宣泄,可起到减压阀的作用,让精神堵塞的人把心中的不满、疑虑、困惑都宣泄出来,等他心里轻松了,再论是非,他也容易听得进去。

（二）说理的经验

世界上的事都有个道理，领导者在做他人的思想政治工作时，也应该能就所涉及的事讲出一定的道理。这样，工作对象才能按照你的要求去做，才能从思想上接受你的看法和主张。正如俗话所说："理是开心的钥匙"。但说理要说得有效，不仅需要说理内容本身的正确，即所说的理是真实的道理，符合客观实际；还要掌握科学的说理方法和技巧，即说理的艺术。这样才能使思想政治工作卓有成效。

第一，说理要讲真实道理。说理要想使人信服，关键在"真实"二字。道理有大有小，有深有浅，但不管是大道理小道理，还是深道理浅道理，都不能脱离"真实"。只有真实的道理，才能说服人、开导人、教育人。什么是真实的道理呢？凡是能反映客观事物本来面目和现实客观情况，能解释和说明人们的实际问题和现实思想，并起指导作用的道理都是真实的道理。拿这样的道理去说服人、开导人、教育人，一定能征服人心。因为人心所服的是事实，是真理，而不是假道理，空道理。正如毛泽东同志在《反对党八股》一文中所讲："装腔作势的东西不能反映真理，而是妨害真理的。凡真理都不装样子吓人，它只是老老实实地说下去和做下去"。

1949年9月，担任上海市市长的陈毅到北京参加政协会议、开国大典、军委会议……一下车，他就忙着会客去了。警卫员来到了下榻的老北京饭店。进了客房，警卫员乐了：真漂亮啊！陈设华丽典雅，灯光明亮柔和，床又暄又软，龙头一扭，冷水热水哗哗地就流了出来。警卫员想：首长进上海快半年了，忙得连上厕所都带小跑，这次能在这里舒坦地住上一阵子，可是太美了。想到这，他高兴地边哼着歌，边收拾房间。刚把东西安顿好，陈毅就回来了。一进门就急三火四地喊："小鬼，快收拾东西,搬家,搬家!"说着,就自己动开了手。

"搬家?往哪儿搬?"警卫员不明白地问。"搬进中南海,那可是皇帝老子住的地方哟!"陈毅打趣地说。

警卫员以为皇帝老子住的地方肯定比这里还要好,就很痛快地收拾东西,往中南海搬。进了中南海,汽车拐了几个弯,在一排陈旧的小平房前面停下了。"这是什么皇帝老子住的地方啊!"警卫员嘟囔着。因为当时解放战争还没结束,中南海大部分房屋都没有修缮,房顶虽是黄色琉璃瓦的,但屋里却只有一盏昏黄的电灯,屋子灰蒙蒙的,屋角布满了蜘蛛网。全部陈设只有一张大木床,一张旧木桌和两把放不平的椅子。屋里别说是热水龙头,就连用凉水,也要到挺远的地方去提。

警卫员不大情愿地往床上铺着军用被子,终于忍不住问道:"您把好房子让给哪位首长住了?"陈毅正在洗脚,听了警卫员的问话,漫不经心地答道:"让给傅作义了。""傅作义?"警卫员以为自己听错了,追问道。"他是国民党的高级将领,来参加政协会议,没地方住了。"陈毅平静地回答。"什么?房子让给他住!"警卫员愤怒了,他大声喊起来,"这些人不杀就算便宜他们了,凭什么您要给他腾房子?"看着警卫员那"气急败坏"的样子,陈毅笑了,对他说:"你这个小鬼哟,怎么这样子蠢呀。傅作义光荣起义,使北平能够和平解放,贡献比你大得多哩!人家在国民党里住高楼洋房,现在叫他住平房,他会觉得共产党对不起他。心里不舒坦嘛!我陈毅就不同了,不住大饭店住平房,不睡弹簧床睡木板床,就是铺捆稻草睡地下,我也照样打呼噜,照样工作,照样干革命!要不叫啥子共产党哟!"

灯不拨不亮,理不说不清。陈毅的一番真实的道理讲得警卫员心服口服。他愉快地在小平房住了下来。

第二,说理要因人施理。思想政治工作的对象是复杂的,他们既有年龄性别、职业经历、文化水平、性格气质的不同,又有理论基础、理解能力、接受程度的差异。因此，说理要想取得预期的效果，就得针对不同工作对象的特点和不同的思想问题，因人施"理"。例如，对文化水平高、理论功底深、接受能力强的工作对象，可跟他们谈一些宏观和抽象的道理，引导他们用这些道理去分析认识他们所面临的具体问题。对文化水平低、理论功底浅、接受能力差的工作对象，则应多谈些微观的和具体的道理，帮助他们用这些道理来认识和解决问题。千万不能"一把钥匙开所有的锁"。在两千多年前，孔子就明白这个道理。

有一天，孔子的学生子路问孔子："听到了是不是马上见之于行动？"孔子回答说："有父亲哥哥在，怎么能不向他们请示就贸然行事呢？"

过了些天，孔子的另一个学生冉有也问孔子同样的问题，孔子回答说："听到了当然要马上行动！"

这两次谈话，孔子的学生公西华都听到了。对同一提问，孔子做了截然相反的回答，公西华带着疑惑不解的心情问孔子："先生，子路问您听到了就行动吗？你回答说要征求父兄的意见，冉有问听到了就行动吗？您说听到了就马上行动。您的回答前后不一致，我弄不明白！"

孔子回答说："冉有办事畏缩犹豫，所以我鼓励他办事果断一些，叫他看准了马上就去办；而子路好勇过人，性子急躁，所以我得约束他一下，叫他凡事三思而行，征求父兄的意见。"公西华听到孔子的回答，茅塞顿开。

孔子正是根据这两个学生的不同性格，对之施加不同的教育。

孔子根据学生们的不同脾气、秉性特点，分别采取不同的说理方法，在今天仍有其广泛的借鉴意义。

第三，说理要循序渐进。马克思主义认识论告诉我们，人的认识过程是由低到高、由浅入深的。这就要求领导者在说理时，要遵循循序渐进的原则，不能指望说了道理就立即为人所接受。例如：

陈毅在北京开会时，给傅作义让高级房间，并代表上海市委赠送给他两辆豪华轿车的事传到了部队，引起了一些干部的强烈不满。等陈毅回到上海，他的办公桌上已经堆了好多信件，这些信件都是为这事提意见的，而且意见还提得很尖锐。陈毅觉得有必要解决这些干部的思想问题。怎样解决呢？

这一天，他召集了一个领导干部会议，开始做这些老部下的思想政治工作。他说："同志们，我的老兄老弟们，要我陈毅怎么讲你们才懂啊！我陈毅不住北京饭店，照样上班，照样'骂人'！他可不一样了！你们知道不知道，傅先生在电台讲了半个小时话，长沙那边就起义了两个军！为我们减少了很大伤亡。让傅先生住了北京饭店，有了小汽车，他就会感到共产党是真心要交朋友的。"

陈毅讲着讲着，激动起来，用手指咚咚咚地敲着桌子，声音又大了些分贝："我把北京饭店让给你住，再送给你十部小轿车，谁能起义两个军？怎么不说话了？"停了一会儿，他又平静了下来，放低了声音，心平气和地说："我们是共产党，要有太平洋那样宽广的胸怀和气量，不要长一副周瑜的细肚肠！依我看，要想把中国的事情办好，还是那句老话，团结的朋友越多，就越有希望。"

干部们被他说服了。用他们自己的话说："挨了陈爽子的'熊'，弄清了道理，'熊'得舒服。"

怎样使这些老部下弄清了道理呢？是循序渐进的方法解开了他们的思想疙瘩。陈毅先给傅作义"摆功"——"在电台讲了半个小时话，长沙那边就起义了两个军！为我们减少了很大伤亡"，让干部们了解傅作义为中国人民的解放事业所做的贡献。接着，他又给干部们出了道"思考题"——"我把北京饭店让给你住，再送给你十部小轿车，谁能起义两个军？"不用说，这道题把大家难住了，谁也交不上答卷。因此，不能不在思想上引起震动。看着默不作声的老部下，陈毅知道他前面的话在他们的头脑中起了作用，便不失时机地进一步提出了要求——"共产党，要有太平洋那样宽广的胸怀和气量，不要长一副周瑜的细肚肠！"

人的思想是复杂的，对有些事，不能一点就通，需要把握脉络，深入细致地做思想政治工作，逐步劝解。

（三）谈心的技巧

这里讲的谈心主要是指个别谈心。在思想政治工作中，不论是宣传演讲，还是事迹报告，都是进行正面教育或解决面上的普遍性问题的思想政治工作方式。但人是形形色色的，人的思想是复杂纷繁的，存在的问题是多种多样的，要解决不同人的思想问题，将道理讲到每个人的心坎里，则应采取个别谈心的思想政治工作方式。个别谈心包括思想交锋和心理接触两部分内容，前者是主体去解决客体的思想问题，后者是主客体间的心理沟通。

个别谈心是思想政治工作最重要的方法之一。但好方法并非人人都用之有效。有的领导者很会"谈心"，不管什么人，他都会谈得很融洽；不管多复杂的问题，他都会谈得很清楚。但有的领导者却不会"谈心"，常常是一谈就"顶牛"，简单的问题也能"谈"得复杂化。

第一，谈心前要有充分的准备。充分的准备是个别谈心成功的基础。有了充分的准备工作，谈心时，心中才有数，知道讲什么，怎么讲。一般说来，谈心前的准备工作主要从四方面着手：

其一，了解谈心对象。了解其经历如何，与他人的关系如何，文化程度、思想修养怎样，最近的思想情绪怎样，有什么兴趣爱好，有哪些思想疙瘩，有哪些优缺点，等等。了解了这些情况，谈心时便能做到有的放矢。否则，就会事与愿违。

其二，了解问题所在。谈心前，要了解谈心对象的问题是怎样产生的，前因后果如何，问题的症结在哪里。

其三，明确谈心主题。在了解情况的基础上，谈心者应该通过分析这些纷繁复杂的现象和形形色色的原因，确定谈心的主题，明确谈心所要达到的目标。

其四，设计谈心思路。主题、目标确定后，怎样实现这个主题、目标，也是谈心前应该考虑的。具体说来，就是要想一想选择什么样的话题，怎样提出话题，怎样结束谈话，等等。即使是临时决定的谈心，来不及从容考虑，也必须在谈心前的短暂空隙里把要谈的问题在头脑中快速地梳理梳理。

第二，尊重谈心对象。在思想政治工作中，个别谈心多是在上下级之间、干部和群众之间进行的。前者是谈心人，后者是谈心对象。这种地位上的差别，势必使谈心对象产生戒备防范心理。在这种心理的作用下，谈心对象绝不可能畅所欲言。因此，谈心者要想使谈心成功，就必须让谈心对象消除这种心理。如何消除呢？这完全取决于谈心者的态度。谈心者只有端正态度，才能使谈心顺利进行，并最终取得谈心的成功。谈心者应具有的态度是：

其一，尊重对方，平等待人。谈心者要把自己摆在同谈心对象同等的位置，用平和、亲切、友善、关怀的态度对待谈心对象，绝不能盛气凌人，颐指气使。要充分尊重谈心对象的人格，避免采用严辞诘问和咄咄逼人的语气，不讽刺、不挖苦、不嘲笑，即使对犯有错误的谈心对象也一样。著名思想政治工作者曲啸对此有一段很能启发人的话。他说："某同志犯了错误，你把他找来，先让他喝杯水，叫他坐下来谈。你说，'你这个问题不是不严重啊'。你含着微笑把这个'很严重'变成了两个否定词，'不是不严重'，在逻辑上两个否定同样可以得一个肯定嘛！和'这个问题很严重'在意义上没有什么两样，只是变个说法，听起来就缓和一点。缓和一点就能坐下来，能坐下来就能谈下去，能谈下来我这个葫芦里的药就能叫他吃下去，就能治好他的病，这是我的目的。"

曲啸的话很有道理。如果领导者不是用平和亲切的语气跟工作对象交谈，而是声色俱厉地高声大嚷，势必给工作对象带来思想压力，并因此而产生抵抗情绪。

其二，让人说话，耐心倾听。谈心者要善于倾听对方的意见，不能好为人师，一个劲儿地说教；不能压制人言，频频打断对方的话。要在双向的信息交流中沟通思想。事实上，在谈心活动中，"听"比"说"更重要。善于听的人，能从对方的话语中推测出对方未道出的真情，了解到对方的真实思想。

说来令人难以置信，简短的"口头语"，便能反映人的性格。比如，愿说"差不多"的人，性格随便、圆滑；愿说"说真的""老实说""的确""不骗你"的人，性格急躁，总是担心对方误解自己，有博取信赖的愿望；愿说"可能是吧"、"或许是吧"的人，自我防范本领强，不肯完全暴露内心的想法；愿说"啊"、"呀"的人，如果是有地位者，可能会有骄傲的性格，如果是一般人，则反映出他词汇贫乏，思维迟钝。

其三，坦诚相见，以心换心。古人云："人之相交，贵在交心"。谈心，应该是心灵对心灵的撞击，心灵对心灵的影响。没有心灵的相交沟通，就不能加深彼此的了解，就不能有问题的解决。因此，谈心双方都应坦诚相见，说真话，不说假话；说心里话，不说套话；发肺腑之言，不讲敷衍之语。用诚实和坦荡的态度表明自己的意见，抒发自己的情感。这样便会给对方莫大的慰藉，使他们从低沉的情绪中振奋起来。

第三，选择恰当的开头方式。良好的开端是成功的一半。谈心的开头十分重要。头开得好，彼此能相沟通，有话讲；否则，双方形成心理障碍，就会话不投机。

其一，选择共同点。所谓共同点，就是能把谈心双方联系起来的某一事物，如，共同的经历、共同的观点、共同的家乡、共同的学历、共同的爱好、共同的职业、共同的年龄段、共同的政治身份等。

其二，选择突破点。突破点本是军事用语。它是指进攻者在进攻时，总是选择对方防守最薄弱的地带做为攻击目标，来进行突破。突破点一攻破，攻击部队就会势如破竹，全面击溃对方，使整个战斗形势发生转折性变化。

思想政治工作个别谈心的开头也有个选择突破点的问题。突破点选择恰当，便能很快进入主题，深入实质；否则，在"外围"消耗了许多精力，浪费了很多时间，还是接触不到实质性的问题。因此，有经验的领导者在与工作对象个别谈心时总是能注意选择突破点。

其三，注意媒介点。所谓媒介点，就是能引出话题的东西。1958年初，在武汉部队工作的实习报务员李立法同志，奉命随同周恩来同志乘江轮去重庆。晚上，来往的电报很多。零时，译电员送来0048号电报的一组字，要求校对。紧张工作了一天的小李有些不情愿，心里嘀咕：真烦人！个把字，估计着译算了。心里想着，译电稿时就不像以往那样认真了。

第二天中午，周恩来同志同工作人员一块进餐。当周恩来同志看见李立法后，亲切地对他说："昨夜辛苦了，报务员同志。"

"总理，您辛苦了，我没什么。"

周恩来同志笑着对身边的同志说："瞧，小伙子的眼睛都熬红了。"

接着周恩来同志和蔼地问起了0048号电报的事。

"是我太粗心了"，李立法脸红心跳，准备挨批评。

台长在一旁连忙解释：小李技术挺好，就是有点不安心本职工作。

李立法又说："我是想上福建前线去。搞这玩意儿，整天往报房里一坐，谁也不知道！"

听了小李的话后，周恩来同志爽朗地笑了起来，用手摸着他的头说："原来这里还有个疙瘩没解开。来，咱们聊聊。"这时，墙上的挂钟正好敲响。周恩来同志看了一眼挂钟后,微笑着问:"小李,我们一眼看去,可以看到挂钟的哪些部分?"

小李打量一下挂钟,不安地回答:"可以看到时针、分针……还有阿拉伯的数字。"

"还可以看到什么呢?"

小李又仔细地观察了一下,摇了摇头。

周恩来同志若有所思地说:"是啊!里面的发条、齿轮和其他部件是时钟的心脏,而它们都待在里面不会被人看见。每个小齿轮,长年累月,任劳任怨地工作着,如果它们中间的哪一个闹情绪了,想跑到被人看得见的外面去工作,你说说,这个钟将会怎么样?"

周恩来同志说到这儿,看了看小李,见他静静地听着,便又接着说:"革命工作是一个整体,我们无论干什么工作,都要像齿轮那样不计名利,埋头苦干啊!"

周恩来同志又鼓励他说:"无线电通讯,像血液对人的生命一样重要,党把这项工作交给你,整个天空就是你驰骋的战场,相信你会用自己的意志和智慧,与同志们一道,把工作做好……"

望着周恩来同志那慈祥的面容,听着他那亲切的话语,李立法感受到了自己肩负的责任,他的心情十分激动。后来他出色地完成了这次任务。

这里,周恩来同志就是用"挂钟"作为媒介引入话题的。周恩来同志与小李的谈心目的,是要教育小李安心本职工作,但他没有直言其事,而是通过"挂钟"这一媒介,巧妙地引出了话题,达到了思想政治工作的目的。

其四,注意兴趣点。"话不投机半句多"。当你发现工作对象对你所谈论的话题不感兴趣时,你就要适时地调整你的话题。寻求能够激发他兴趣的话题。例如:

某中学唐老师悉心钻研中国古典文学，出版了二十万字的《中国诗歌发展史》一书。该校的文学社小记者到唐老师家采访。

小记者："唐老师，您的大作《中国诗歌发展史》与读者见面了，我想请您谈谈撰写本书的经验，好吗？"

唐老师：（很为难地、沉默了片刻）"这只是一个专题学习，谈不上什么经验。"

小记者：（抬头，望着墙上的隶书）"唐老师，这隶书是您写的吧！"

唐老师："是的！"

小记者："那么请你谈谈隶书的特点，好吗？"

这正是唐老师感兴趣和愿意谈的话题。于是，唐老师由"蚕头雁尾"讲起，讲得很细致、很起劲。在讲这个话题的过程中，师生之间的感情逐渐变得融洽起来。

这时，小记者不失时机地说："唐老师，您对隶书很有研究，我们以后还要请您多加指导。不过，我们现在十分想听听您是怎样写成《中国诗歌发展史》一书的。"此刻，唐老师深感盛情难却，也就只好加以介绍了。

小记者虽小，但能力不小。首先，他善于观察，有判断力。其次，懂得语言表达技巧。当他发现自己所提出的话题，采访对象不感兴趣时，就立即打住，然后寻求出"隶书"这一采访对象感兴趣的话题，成功地打开了唐老师的话匣子，使采访得以顺利进行。

第四，掌握劝导的艺术。 宋代著名文学家苏轼有一首《题西林壁》，诗中写道："横看成岭侧成峰，远近高低各不同。不识庐山真面目，只缘身在此山中。"这首诗的后两句，比喻的就是我们平日里常说的一句话："旁观者清，当局者迷。"事实的确如此。在现实生活中，人们总是坚信自己的观点正确，而对自身的不足又往往看不大清楚。当遇到挫折时，人们又总是陷入"迷惘"的怪圈中而不能自拔。这就需要有清醒的

"旁观者"来劝说、开导他,帮他驱散心头的愁云,解除思想上的烦恼,使他幡然醒悟,改弦更张。但正像一句话所讲的,世界上的难事有两点,一是把自己的思想装到别人的脑袋里;二是把别人的钱装到自己的口袋里。谈心劝导别人,就是要把自己的思想装到别人的脑袋里。要解决这道难题,可以采取以下的方法:

其一,情感感化。古人云:"感人心者,莫先乎情"。富有情感的劝导能扣人心弦,感人肺腑,能使人的心灵震颤,产生思想共鸣。因此,有经验的领导者在劝导他人时,总是不忘"以情开路"。

1959年4月27日,75岁高龄的谢觉哉同志当选为中华人民共和国最高人民法院院长。初上任的一天,谢老把从内务部农救司临时抽调来给他当秘书的一位青年副科长请到办公室,想正式调他,征求他的意见。那位青年当时有点舍不得内务部,便推托说自己没有搞过法院工作怕胜任不了。谢老听了,用充满情感的语言跟他商量说:"我年岁太大,要是在前些年,我可以不要秘书。你是不是同我一起到最高人民法院去,帮我看看材料,做点事情?就干四年。我今年75岁,四年后你愿意再回内务部就回去。"

谢老的话并不多,但却像一缕春风吹进了青年副科长的心。面对这真情真意,他不能不深受感动。于是愉快地调到了最高人民法院。

由此可见,"动之以情"是劝导的有效方法,尤其是当一个人处在矛盾的漩涡中,遇到麻烦不能解脱的时候,更需要劝导者用诚挚之情、爱护之情、尊重之情、理解之情、信任之情来劝导,帮他摆脱困境。使用这种方法要做到如下三点:

一是要有同情心。对于工作对象的困难、不幸,领导者一定要有同情心,要能够体谅他人的心境。有了这种态度,你就不会只看他人的过错,对别人的错误吹毛求疵了。相反,你会对工作对象的不足予以谅解。

二是要表示理解。对工作对象的观点、想法、立场，领导者要表示理解。即使他的观点不完全正确，你也不妨先以理解的态度来宽慰他。如果你能设身处地为他想一想，理解他的处境，你就能获得他的信任，彼此达到"心理相容"。如此一来，你就能了解到他产生某种思想的原因，以便于"对症下药"了。

三是要给予尊重。意大利著名思想家莱奥帕尔迪在其《思想录》中说过这样一句话："正如轻蔑比仇恨更令人生气，尊重也比仁慈更受人欢迎。与被爱相比，人们通常更希望被尊重。"在劝导过程中，领导者如果能尊重工作对象，就能使他产生自尊、自爱、自重的情感，增强战胜困难的信心。

其二，道理攻心。情可以感化人，可以为劝导奠定感情基础，但要想真正使工作对象信服，还应该用道理攻心。请看陈毅同志是怎样用这一方法劝导某纺织厂老板的：

新中国成立初期，陈毅担任上海市市长。一天，他去拜访某纺织厂的老板。一见面，老板就向他发起了牢骚："陈市长，我对工会要废除'抄身制'有想法。他们是不当家不知柴米贵，工人下班，由抄身婆抄身，还经常丢纱，如果取消抄身制，纱厂还不被偷光啦。"

陈毅听了他的牢骚，就耐心地劝导他说："要说办工厂、买机器，我拜你为师。因为我只当过工人，没有经营过工厂嘛！要说管理工厂、教育工人，你可要向我学习嘛！我参加革命就一直宣传群众、组织群众，在这方面我可以给你当参谋，还带'长'呢！你倒是要我这个参谋不要呢？"

老板被陈毅恳切而幽默的话感动了，他忙说："要！要！请您快说。"

陈毅说："我在法国当过工人。那个工厂大得很，老板比你还厉害得多，还雇了一大帮带枪的警察，对每个下班的工人，从头到脚细细地搜,那过细的劲头,身上硬是连一根针也藏不住,但结果呢,原料、零件还是大量丢失。为什么呢?老板把工人当作会说话的工具。劳动很重,工资很少;工厂赚了钱对工人毫无用处,他为什么不拿呢?现在中国不同了,工人翻身当了主人,他们懂得工厂生产搞得好,新中国才能富强起来,工人才能改善待遇。你们虽然是私人企业,但也是新民主主义经济的一个组成部分,一样可以有利于国家,有利于人民,所以以我之见,废除抄身制,关心工人利益,待工人如朋友如兄弟的话,我相信眼前的困难会克服的顺利一点。"

老板觉得陈毅的话很有道理,表示拥护工会的意见,废除"抄身制"。

"以理攻心"是一种非常有效的劝导方法,但使用这种方法有两点要注意:

一是劝导说理要对准要害。劝导说理不同于宣讲说理。宣讲说理是就普遍问题而言的道理,劝导说理则是针对具体问题而谈的道理。一般说来,被劝导者之所以需要劝导,就是因为他对某一具体问题想不开,或对某一具体问题固执己见,因此,劝导说理必须有针对性,对准问题的要害,才能解决问题。

二是劝导说理要具体实在。既然劝导说理是针对具体问题而谈的道理,那么,毫无疑问,领导者在进行劝导说理时,就应该用具体而实在的道理来劝导对方,而不是说假话、大话、空话、套话。只有"对心思"、"解扣子"的道理,才能劝导成功。

其三,明帐细算。抽象的概念很难说服人。但如果领导者能将抽象的概念量化为能够计数的、形象具体的"质"的东西,劝导就容易成功了。请看董必武同志是怎样运用这一方法的:

董必武任最高人民法院院长时,曾一度在北京钟鼓楼后的一个大院住过。这个大院原是个王府,不仅住室典雅,还有个很大的后花园。春日、桃花、海棠竞相开放；夏天，树木繁茂，浓荫遍地；秋季，葡萄满藤，红枣满枝；即使是隆冬，那银装素裹的景色，也别有情趣。董必武很喜欢这个住所，但还是决定搬家，迁到中南海去。

董必武的孩子们不明白父亲为什么放着这么好的地方不住，非得要搬家。一个个撅着嘴，不高兴。董必武把孩子们叫到面前，对他们说："这个地方的确不错。房子好，花园也漂亮。但为什么要搬家呢？第一，为我一个人，要有警卫排，要烧锅炉，要煤，要人跑这么远来送文件。这样要占用多少人力物力呵！搬到中南海，这些都统一解决了，为国家解决了人力物力，我还不该搬吗？第二，我上班太远，要坐很长一段距离的汽车，这样要用掉不少汽油。如果家在中南海，近了一半路程，就节约了一半汽油。我们国家穷啊！"

孩子们被父亲说服了，高高兴兴地同意搬家。不久，董必武一家就搬到了中南海怀仁堂东侧的一套两进的院子里去了。

董必武为国家着想的高风亮节给我们树立了榜样，而他做孩子思想政治工作采用的方法也值得我们学习。他从国家财力的节省算到人力的节省，一条条说得那么具体，一件件算得那么仔细，这具体的"账目"不能不引起孩子们的深思。做事应为国家、人民着想，这道理是重要的，但它却是抽象的概念。简单地把这抽象的道理告诉孩子，孩子不会引起重视。可是，当董必武把它量化为有形的、具体的东西后，劝导效果就大不一样了。

十、班子团结的方法与艺术

邓小平同志曾经讲过,领导班子问题,是关系到党的路线能不能贯彻执行的问题。如果这个问题解决得不好,不要说带领群众前进,就是开步走都困难,因此,我们首先强调要把领导班子的问题解决好……要使领导班子一不软,二不懒,三不散,说了话大家都能听,都能指挥得动,都能领导起来。

"要把领导班子的问题解决好",也并非是一件容易的事情。毛泽东同志在《党委会的工作方法》一文中便说过:"党委书记要善于当'班长'。党的委员会有一二十个人,像军队的一个班,书记好比是'班长'。要把这个班带好,的确不容易。"

(一)团结是班子力量之所在

1943年6月,在晋察冀边区平山县黄泥区的一个小村子里,诞生了一首经典名曲,这就是《团结就是力量》。歌中唱道:"团结就是力量,这力量是铁,这力量是钢,比铁还硬,比钢还强……"

这首歌的比喻非常恰如其分。俗话说"一根筷子容易折,一把筷子不易弯";"孤则易折,众则难摧"。如果一个集体钩心斗角,心想不到一块,劲就使不到一块,自然也就没有力量；如果一个集体团结和谐，大家在一个共同的目标引导下，齐心合力，就没有战胜不了的困难。

有人曾经用下面这几个公式来说明在一个团队中团结的重要性：

发挥优势，取长补短：1＋1＞2；

相安无事，彬彬有礼：1＋1＝2；

貌合神离，问题成堆：0＜1＋1＜2；

双方斗气，躺倒不干：1＋1＝0；

矛盾激化，互相拆台：1＋1＜0。

由上述公式可以很清楚地看出，团结有力量。不团结、闹分裂，没有好结果。

当年，张国焘就是因为与党中央闹分裂，致使红四方面军三过草地，损失严重。武汉军区原副政委任荣曾经回忆说：

> 自1935年6月红一、四方面军会师后，党中央决定集中红军主力向北发展，创建川陕甘革命根据地。但张国焘自恃人多枪多，置中央决定于不顾，搞分裂、搞反党阴谋，强令四方面军部队南返，企图在四川、西康两省交界的少数民族聚居地建立根据地……
>
> 行军的第三天，我们蹚过一条一米多深的小河，然后踏上小石山。在路右边的小山崖下，看见躺着许多牺牲的同志，我们只有默默地向他们的遗体告别。由于风雨、泥泞、寒冷的折磨，饥饿的熬煎，高山缺氧的反应，大家的身体越来越弱。不少同志走着走着就倒下去了。有的腿没有力，上不去山坡，一坐下就再也起不来了。加之大部队走后，无力收容救治，使得许多同志长眠在这荒无人烟的草地上。这是张国焘搞分裂造成的恶果。

事实说明，南下是没有出路的。因为路线的错误，部队屡屡受挫。特别是百丈镇一战的失利，我军伤亡惨重。红军将士以生命的代价，宣告了张国焘南下路线的破产。值得欣慰的是，在党中央的关怀下，红四方面军又三过草地，与红二方面军一同北上，终于重新回到了正确的轨道。

将军动情地告诉记者：三过雪山草地的经历，让我们深深体会到了离开党的正确领导的滋味。从此以后，我更加坚定了对党的信念，坚定了对革命事业的信念，一生都没有动摇过。①

正因为团结的重要，所以毛泽东同志在《党委会的工作方法》中强调，要"注意团结那些和自己意见不同的同志一道工作。不论在地方上或部队里，都应该注意这一条，对党外人士也是一样。我们都是从五湖四海汇集拢来的，我们不仅要善于团结和自己意见相同的同志，而且要善于团结和自己意见不同的同志一道工作。我们当中还有犯过很大错误的人，不要嫌这些人，要准备和他们一道工作。"

（二）要真团结而不是假团结

团结是班子的力量之所在。但这种团结必须是真团结，而不是假团结。假团结比公开的不团结危害性更大。要真团结，不要假团结，需要明确这样两个问题：

第一，**团结不是"结团"**。某省交通厅连续三任厅长"前腐后继"。其中一位在评说这一现象时认为，"主要原因就是班子不团结，互相斗来

---

① 卜金宝、赵广亮：《三过雪山草地》，《解放军报》，2007年5月31日。

斗去。"其实，这位贪官所说的"团结"，是"结团"，而不是"团结"。

"团结"与"结团"貌似都是不同的人聚集在一起，但它们却有着本质的区别。

这种本质的区别，概括说来就是："团结为公，结团为私"。团结提倡组织成员畅所欲言，在集思广益中形成共识，在思想碰撞中共同提高，在发扬民主中团结共事。而"结团"是对内专断、对外专横，不允许任何人发表不同的意见。

第二，团结要讲原则。叶剑英同志曾经说过，我们讲团结是有是非原则的……要把真理与错误区别开来，不能搞无原则的一团和气，必须注意从斗争中求团结。

有一位名人也说过这样的话："团结是重要的，但还有比团结更重要的，那就是原则，离开原则，团结是搞不好的。"

团结不是搞无原则的一团和气，当"好好先生"，而是有是非原则的。

"好好先生"为人处世的哲学是"你好我好大家好，你吹我吹大家吹。你讲我的功劳，我说你的成绩；你向外宣传我，我向外宣传你；你向上举荐我，我向上举荐你；你说我处处先进，我说你优秀无比"。没有原则，没有立场，有的只是圆滑。他们不讲是非，凡事皆曰好。

显然，这不是党的领导者的行为。党的领导者的团结，是敢于拿起批评和自我批评的武器，敢于同不良现象作斗争，在斗争中求团结。

（三）一把手必须善于当班长

"一把手"是正职的俗称。正职，就是在领导班子中负有全面责任的领导者。

正职在领导集体中处于核心和领导地位。正职的素质状态如何，直接关系到其所在地区或部门的发展状况、人际关系。因此，正职必须掌握一定的工作方法与领导艺术，充分地发挥自己的核心和主导作用，来推动本地区、本部门的工作。正职怎样才能起到核心与主导作用呢？

第一，善于总揽全局。古人云："善弈者，谋势；而不善弈者，谋子。善谋势者，一子先落，全盘可以弥补；而谋子者，却常常顾此失彼。一着不慎，全盘皆输。"所谓谋势，就是善于考虑全局。马克思主义者历来强调要站在全局的高度来考虑和处理问题。邓小平同志在他的讲话中，就多次要求领导者想问题做事情要从全局出发，以全局为重。作为处于领导集体的核心和主导地位的正职领导者，更要敢于总揽全局，善于总揽全局。要能站在全局的高度负责，站在全局的高度决策，站在全局的高度协调处理问题。

第二，要善于倾听下属的意见。正职虽然是"班长"，但不是"家长"。"班长"要带好一班人，就不能搞"家长制"，搞一言堂。而是要坚持民主集中制。正像毛泽东同志在《党委会的工作方法》一文中所讲的："不懂得和不了解的东西要问下级，不要轻易表示赞成或反对。有些文件起草出来压下暂时不发，就是因为其中还有些问题没有弄清楚，需要先征求下级的意见。我们切不可强不知以为知，要'不耻下问'，要善于倾听下面干部的意见。先做学生，然后再做先生；先向下面干部请教，然后再下命令。""一把手"不耻下问，善于倾听下属的意见，不仅不会影响自己的威信，相反，还会增加自己的威信。

对于下属的意见要正确分析。看看哪些是正确的，哪些是不正确的。毛泽东同志在《党委会的工作方法》中告诉我们："对正确的意见，必须听，并且照它做。""对下面来的错误意见也要听，根本不听是不对的；不过听了而不照它做，并且要给以批评。"

第三，要善于团结其他班子成员。《庄子·徐无鬼》记载了这样一个寓言故事：在楚国的郢都有个泥瓦匠。一天，他把白灰涂抹在自己的鼻子尖上，请一位姓石的木匠给他削掉。那白灰就像苍蝇的翅膀一样薄，但石木匠抡起板斧，一下子就把白灰给削掉了，而泥瓦匠的鼻子丝毫没有受损伤。泥瓦匠面不改色地站立着。

宋国的国君宋元公听说这件事之后，就派人找来石木匠，让他再给表演一次削鼻灰。但石木匠告诉他："我的确能为人削去鼻子尖上的白灰，只是我的合作对象郢人死了，我没有办法再表演了。"（原文："郢人垩慢其鼻端，若蝇翼，使匠石斫之。匠石运斤成风，听而斫之，尽垩而鼻不伤，郢人立不失容。宋元君闻之，召匠石曰：'尝试为寡人为之。'匠石曰：'臣则尝能斫之。虽然，臣之质死久矣。）

郢人死了，石木匠挥斧削鼻灰的绝技居然没有办法再施展。这个寓言故事使我们想起了一句俗话："好花也要绿叶扶。"正职虽然处于领导集体中核心和主导地位，但也必须有其他领导班子成员的鼎力合作才行。只有充分调动和发挥整个领导班子成员的潜力，才能有效地达成组织目标。因此，正职领导者必须善于团结其他班子成员。

第四，要有宽阔的胸襟，容人的雅量。作为正职，一定要有"海纳百川，有容乃大"的气度。这样，他才能宽以待人，严于律己；才能虚心接受别人的意见和批评；才能大事讲原则，小事讲风格，求大同存小异，团结其他班子成员一道工作。而其他班子成员也才能"智者尽其谋，勇者竭其力，仁者播其惠，信者效其忠。"

心胸狭窄的人，是当不好正职领导者的。因为心胸狭窄者听不得不同的意见，容不得能力比自己强的下属，凡事只能得益不能吃亏。这样的人，是当不好一把手的。正如张闻天在《论待人接物问题》一文中所说的："气量狭窄、目光如豆的个人和政党，是决然不能'识人'、'容人'与'用人'的。这样的人，这样的政党，决然不能成就什么大事业。"正职领导者胸襟开阔，就能像磁铁一样，把一班人紧紧地团结在自己的周围。

（四）同级副职要能协作共事

常言道："三个和尚没水喝。"说的是和尚们互相依赖，谁也不负责任，结果造成了没水喝的局面。假如说他们能够相互配合，各负其责，他们就会有足够的水喝了。

事实上，副职之间如果不能协调，不能团结，也会导致没有"水喝"的情况发生。具体说来，其弊端有以下几种情形：

第一，影响集体的团结。副职一般都是各自分管一方或几方面工作的，其手下都有一些工作人员。副职之间如果不能协调团结，其手下人员就会不知如何处理跟其他副职领导的关系。与其他副职领导接近，担心主管副职领导不满；只接近主管副职领导，又担心其他副职领导对自己有看法。如果日后主管副职发生变化，由自己疏远的其他副职领导，就很难处理关系。因此，只好谁也不接近。如此一来，就会影响集体的团结。

第二，影响整体的工作。副职虽然担任着不同的职责，分管着不同方面的工作，但是，这些工作都是整体工作的重要组成部分。副职之间如果不能团结协调，各自为政，就会影响整体工作的开展。而且，如果遇到需要合作配合的全局性工作，副职之间不能齐心协力，全局性工作就不会顺利地完成，组织的整体功能就会因之减弱。

第三，影响正职的工作。现行领导班子一般都是一正多副。正职负责组织协调副职进行工作。副职之间如果钩心斗角，互不买账，就会增加正职工作的难度，影响正职工作的开展。

那么，副职之间如何协作共事呢？关键要把握以下的方法和艺术。

第一，大局为重。副职虽然分管的工作不同，但这些工作都是党和人民的工作，都是为了建设社会主义现代化的国家。因此，副职应该从这个大局出发，以大局为重，求大同存小异，同其他副职搞好团结，大家一道尽心尽力地支持正职的工作，同心同德地为达成组织的目标而奋斗。

第二，相互尊重。相互尊重是副职之间协作共事的基础。尊重是人的重要精神需要。如何才能获得他人的尊重？"敬人者人恒敬之。"你只有尊重别人，别人才会尊重你。如果你对别人颐指气使，别人怎么会尊重你呢？副职之间不能互相尊重，协作共事又从何说起？因此，副职之间必须相互尊重。尊重他人的人格，尊重他人的工作，不随意贬损别人，不随意支使别人，不嫉妒别人的工作成绩。

第三，相互支持。副职之间相互支持和帮助，是协作共事，实现组织目标的前提条件。一个相互支持、相互帮助的集体，才是一个团结、战斗的集体。一个团结、战斗的集体，才能无往而不胜。

副职之间的相互支持和帮助，主要体现在具体的工作、生活中。当某位副职工作遇到困难时，你要能帮助他排忧解难，给他出主意，帮他想办法，鼎力相助，并在条件允许的情况下，给他以人力、物力等方面的帮助；当某位副职工作出现失误时，你要能勇于为他"补台"；当某位副职工作受到挫折时，你要能诚恳地安慰他，热情地激励他，帮助他从挫折中奋起。千万不能袖手旁观，置之不理，更不能以邻为壑，落井下石。

第四，相互沟通。同级副职之间要想协作共事，离不开相互沟通这一途径。沟通可以消除误会，加强了解，增进感情；沟通可以互补智能，启发思路，创新思想。从而使副职间形成强大的领导合力。毛泽东的《党委会工作方法》就要求党委会要"互通情报"。他说："党委各委员之间要把彼此知道的情况互相通知、互相交流。这对于取得共同的语言是很重要的。有些人不是这样做，而是像老子说的'鸡犬之声相闻，老死不相往来'，结果彼此之间就缺乏共同的语言。"

第五，见贤思齐。同级副职之间既是天然的合作者，又是潜在的竞争者。因此，能否容人之长，就是对每个副职道德品质的严峻考验。具有高尚道德的副职，能够见贤思齐，不怕别人的水平高，不担心别人的能力强，而是把水平高、能力强的人当作自己的榜样，虚心学习他人的长处，取人之长补己之短。如果每一位副职都能够如此，副职间的协作共事就容易得多了。

第六，明责用权。权责统一，是运用权力的一个基本原则。副职在工作中，应该明确自己的职责，严格履行自己的工作职责。在其位，谋其政。既不超越自己的权限去管其他副职权限范围内的事，也不推卸自己应负的责任，把自己分管工作的棘手问题推给其他副职。

（五）副职找准坐标支持正职

俗话讲："好花也得绿叶扶"。绿叶如何来扶好红花，也是一个很重要的问题。副职要能够在正职的领导下，发挥作用，扶好"红花"，增强班子的团结和战斗力，下面几点是要注意的：

第一，找准坐标，明确定位。在一个领导集体中，副职处于重要、特殊而复杂的位置。就全盘工作而言，副职是配角，是执行者；就分管工作而言，副职又是主角，是领导者。因此，作为副职领导，就要既当好"配角"，积极配合主角工作，为达成组织的目标而努力；又要具有主角意识，把自己分管的具体工作负责好。关于副职的坐标定位，笔名为戎马书生所写的《副职的角色特征及副职的作用》一文，说得非常明晰：

其一，在领导职务上是配角，在分管工作中是主角。在一个领导班子里，相对于正职而言，副职无疑是配角，处于从属和辅助的地位。但在其分工管辖的工作范围内，又要唱主角，扮演主要的角色。这既是副职在班子中所处地位的客观要求，又是发挥副职应有作用的内涵所在。

其二，在宏观决策上是配角，在执行决策时是主角。在宏观决策的最后拍板问题上，正职无疑是主角，副职是配角。但是，正职正确的决策离不开有效的执行。从执行这个角度讲，副职又是主角。

其三，在全局工作中是配角，在单项工作上是主角。副职在领导班子中都有明确而具体的分工，就全面工作来讲，副职只对其中的某一方面或某一项工作负责，是配角，而对某一方面或某一项工作而言，副职又总是处于具体把关的主体地位，是主角。

其四，在形成核心上是配角，在维护团结上是主角。正职对于班子团结应该起到核心和凝聚作用，否则就形不成向心力和战斗力。副职能力再强，也不能另搞核心。从这一点上来讲，副职只能当配角。但在维护班子团结方面，副职也负有不可推卸的责任，要做团结的模范和表率。

我很认同他的看法，所以，冒昧地引述了他的观点。在此也向他表示感谢和敬意。周恩来同志为什么跟毛泽东同志配合默契？就是周恩来明确自身的角色定位。

有人说，在中国革命过程中，"谋事是毛，成事是周"。尼克松曾讲过这么一句话，毛泽东是拿主意决定大事的人，周恩来是负责执行的。可以讲，尼克松的话有一定的道理。

著名学者金冲及说："在某种意义上说，周恩来也是有意识地使自己主要扮演执行者的角色。一位曾在周恩来身边工作过多年的老同志曾跟我谈起过一件事——新中国成立初期，有一次他曾问周恩来：'你为什么不做些理论方面的工作'？周恩来说，你怎么也讲这个话？我们这么大的一个国家，有那么多具体的事，总要有人去管它。我多管些这类事，就可以让毛主席有更多的时间去考虑一些更大的问题。"

可见，周恩来从国家和革命事业全局的利益出发，甘愿把自己放在

"配角"的位置。而他内心确实钦佩毛泽东。也是尼克松讲过这么一句话:周恩来总是小心翼翼地把聚光灯的焦点只对准毛泽东一个人。

梁漱溟曾经讲过,周恩来是绝顶聪明的人。毛泽东召集会议,特别是新中国成立以后,讲起话来经常是国内国外,海阔天空。讲完了,说,就这样吧。究竟怎样?别人未必明白,但周恩来全明白。余下的事就要靠周恩来去贯彻执行了。梁漱溟的话,虽是一家之辞,但起码说明,在重大决策过程中,毛泽东的主导地位是毫无疑问的,但这之后缺不了周恩来这位总理。同样也说明,毛、周二人之间有着高度的默契。

周恩来甘愿把自己放在"配角"的位置,协助毛泽东工作,就像尼克松曾经说过的:"周恩来总是小心翼翼地把聚焦灯只对准毛泽东一个人。"①

第二,尊重正职,维护其权威。尊重是副职与正职建立良好关系的前提,是以大局为重的表现。尊重正职,维护正职的权威,要做到以下三点:

其一,不要在背后非议正职。副职跟正职有不同的意见,可以当面交换,但不能背后非议正职。毛泽东同志在《党委会的工作方法》中就指出过:"要把问题摆到桌面上来。不仅'班长'要这样做,委员也要这样做。不要在背后议论。有了问题就开会,摆到桌面上来讨论,规定它几条,问题就解决了。有问题而不摆到桌面上来,就会长期不得解决,甚至一拖几年。'班长'和委员还要能互相谅解。书记和委员,中央和各中央局,各中央局和区党委之间的谅解、支援和友谊,比什么都重要。"

其二,不要总觉得正职不如自己。如果副职在某个方面的能力超过了正职,也不要恃才傲物,让正职感到不如你。要看到正职的长处。否

---

① 《说不完的毛泽东与周恩来》,《文史博览》,2008年第3期。

则，容易使上下级关系紧张。我们看宋朝米芾是怎样做的：

宋徽宗写得一手好字，常自鸣得意地询问大臣："我的字写得怎么样？"大臣们总是异口同声地恭维："圣上的字好，天下第一。"

有一天，宋徽宗召来米芾问："米爱卿，朕的字你看如何？"米芾知道宋徽宗的字不如自己，但又不好当着面说明事实，怕伤了徽宗的自尊。说徽宗的字比自己的好，又有拍马的嫌疑。于是，他机敏地答道："臣以为，在皇帝中，圣上的字天下第一；在臣民中，则微臣的字天下第一。"

宋徽宗听后，很高兴，夸赞米芾答得妙。米芾的书法超过徽宗这是事实，为了维护皇帝的面子，他巧妙地采取了分类的方法，不把两人直接比较，而是分成两类比较。回答得合情合理，不卑不亢。

其三，不要当众顶撞正职领导。与正职有意见分歧，可以开诚布公地谈，但要注意方式方法。即使受到正职批评，也要放宽度量对待，不要当众辩解、顶撞。如果你的建议被正职否决，也不要耿耿于怀。

第三，勇于担责，不争功邀赏。"人非圣贤，孰能无过？"正职在工作中出现缺点错误也是在所难免的。对于正职在工作中因不慎或其他客观原因而造成的问题，副职要勇于挺身承担一定的责任，为正职排忧解难。决不能袖手旁观，幸灾乐祸，甚至落井下石。

这里说副职要勇于担责，但并不是说让副职不分青红皂白，不加分析，什么"责"都揽。而是要根据具体情况，区分"责"的性质程度，该揽的揽，不该揽的也不要一味揽。一些性质严重，问题重大的错，恐怕是谁也揽不起的！

勇于承担责任是一种美好的品德，但不争功邀赏也是一种高尚的品行。对于自己工作中的成绩，副职一定要保持一颗平常心，正确对待，不张扬，应该把它记在集体或正职的功劳簿上，看成是集体决策或正职领导的结果。事实上，每个人的心中都有一杆秤。即使你推让了，但你的功劳谁也抢不去。

第四，善于揽事，不拆台弄权。善于揽事，并非是说让副职去揽属于正职职责的事，去揽其他领导分管的事，而是说要善于去揽属于自己职责范围内该做的事情。

其一，善谋其政。副职对自己分管部门的工作，一定要敢于决策，善于管理，执行好正职的决策。

其二，当好参谋。副职是正职的"左膀右臂"，其职责就是要配合、协助正职做好工作。因此，副职在做好自己分管的工作，管好自己的一亩三分地的同时，还应该站在全局的高度，去为正职出主意，提建议。

其三，巧于补错。对正职在工作中出现的疏漏、失误，要勇于及时指正，巧于修正弥补。不能当事后诸葛亮，更不能背后说三道四。

其四，排忧解难。对正职工作中、生活中遇到的困难，副职要在不违背原则的条件下，为其排忧解难。

副职在配合正职的工作中，不仅要善于揽事，还要不拆台弄权，不阳奉阴违，不背后搞小动作。这是领导者必备的官德。

第五，注意沟通，不独断专行。副职在配合正职工作中，要能够与正职实现有效的沟通。遇事多商量，有问题多讨论，该请示时要请示，该汇报时要汇报。不能先斩后奏，或斩而不奏，独断专行。

（六）与上级产生矛盾的化解之道

世界是矛盾的，没有矛盾就没有世界。任何一个集体都存在矛盾，没有矛盾的集体是不存在的。可见，与上级领导交往共事，产生矛盾也是在所难免的。

产生矛盾并不可怕，只要能有效地化解矛盾，问题就解决了。但如果不能有效地化解矛盾，小矛盾也会导致大鸿沟。这不仅影响工作的正常开展，对下属的发展也非常不利。因此，作为下属掌握化解与上级领导之间的矛盾技巧是非常必要的。

下属与上级领导之间产生矛盾，主要的原因就是彼此的认识有偏差。而这种偏差的产生主要是由于彼此缺乏沟通、缺乏理解造成的。因此，下属应该从这种原因入手，寻找化解与上级领导之间矛盾的方法。实践证明，下面的方法是行之有效的：

第一，主动与上级领导沟通。记得陈云同志说过："只有通气，才能团结。"下属与上级领导之间矛盾的化解，也需要通气沟通。作为下属，与上级领导产生了矛盾，应该主动去找领导交换意见，坦诚地将自己的想法表露出来，并真诚地承认自己的不足。在必要时，也可针对上级领导对自己的误解而直陈自己的观点，使领导能够真正了解你，从而消除误解，解开矛盾的扣子。

第二，以行动来证明自己。与上级领导主动沟通，是一种化解矛盾的重要方法，但有时候，有的矛盾不是用语言沟通能够化解的，甚至还会越描越黑，越说越说不明白，弄不好，还会产生"此地无银三百两"的嫌疑。因此，对于那些用语言无法表述清楚，或者难以说破的矛盾，下属不妨揣着明白装糊涂，不辩白，不解释，而寻找机会用实际行动来证明自己。事实胜于雄辩。在事实面前，一切矛盾自然都会化解，一切前嫌自然都会解除。汉初时的萧何就曾经用自己的实际行动释去了皇帝刘邦的猜疑，从而保全了自己。

楚汉战争时，汉高祖刘邦亲率大军征讨项羽，萧何则以丞相的身份留守关中，督办粮饷、士卒等事宜。由于萧何的动向关系到战争的成败，加之萧何在关中治理有方，深得民心，刘邦便起了疑心。他多次派人来"犒劳"萧何，其目的是来探听虚实，观察萧何的态度。

聪明的萧何自然明白，刘邦肯定是误解了自己，对自己的忠心有所猜疑。于是，他把儿子送到了刘邦的身边，说是要为刘邦建功立业，实际上是让儿子去做刘邦的人质。

刘邦见此情形，疑心顿消，误会顿除，又恢复了对萧何的信任。

面对刘邦的误解、不信任，萧何没有采取上疏的方式，来为自己辩白。因为他知道，这种事情是越辩白，越辩不明白，只能招致刘邦的更大疑心。所以，他便用行动来证明自己。事实证明，他的方法是有效而成功的。

第三，学会理解领导。人们常说"理解万岁"。的确，如果上下级之间能够相互理解，矛盾就会极大地减少，而且即使有矛盾，也会及时地化解掉。

工作交往中，不但上级领导应该理解下属，下属也要学会理解上级领导。学会不去用理论来苛求他，而是从环境的和人性的角度来接受他、分析他、理解他。

作为上级领导，他的权力比下属大，地位比下属高，但他的责任也比下属重。而且他身处繁杂的工作环境中，往往承受着更大的工作压力，他几乎必须把所有的心思都用在工作上，因此，他就可能忽视了跟下属的交流与沟通，从而与下属之间产生了误解和心理隔阂。

如果下属理解了上级领导的难处，就会对上级领导多一些宽容。

第四，开展必要的批评。虽然说下属要学会理解上级领导，对上级领导多一些宽容，但并不是说无原则地宽容。如果上级领导的一些行为"欺人太甚"的话，也需要通过批评来进行合理的斗争。当然，批评要对事不对人，要与人为善，并且要讲究批评的方法和艺术。

（七）跟平庸型领导的相处之道

领导者是社会的精英，这一点毋庸置疑。但我们并不能否认，有的领导也很平庸。在一个班子里，如果正职或者副职很平庸，您作为班子成员如何跟他们相处，是很讲究方法和艺术的。

第一，要正确认识平庸领导。党的十一届三中全会以后，我党虽然在干部制度上做了较大的改革，如废除了领导干部职务终身制，建立健全了干部离退休制度；如在干部的选拔任用上打破了单一的委任制，实行了选任、委任、考任、聘任等多种任用方式并举的新机制，等等。但这些改革并没有从根本上彻底解决干部制度不完善的问题。领导者能上不能下，能进不能出，能官不能民的现象，"一人得道，鸡犬升天"的现象，依然不同程度地存在着。因此，致使一些平庸的人因为种种原因成为了领导。既然如此，如果有谁遇到了平庸的领导，谁就得调整好心态，"既来之，则安之。"既不要怨天尤人，也不要垂头丧气，坦然面对这一问题。

人们可以列举平庸型领导者的许多不足，如优柔寡断缺乏主见；思维混乱没有头脑；能力不强却嫉妒下属的才能；疑心过重，不信任下属等等。但任何事物都是一分为二的，对于能力强的下属来说，平庸领导也有他的可爱之处。在平庸领导的手下，能力强的下属更能发挥自己的创造性和主观能动性。

读过《三国演义》的人都知道，刘禅是一个典型的平庸型领导，人称"扶不起的阿斗"。从某种意义上来说，正是刘禅的平庸，成就了诸葛亮的一世英名。

刘禅对于治国方略几乎一窍不通，而且优柔寡断，没有头脑。《三国演义》上说，"蜀汉后主刘禅，自即位以来……凡一应朝廷选法、钱优、词讼等事，皆听诸葛丞相裁处。"

可见，刘禅的平庸，当然也包括刘备，给诸葛亮提供了宽松的执政环境，使诸葛亮的才能得以淋漓尽致地发挥。如果诸葛亮遇到的不是刘备和刘禅，而是曹孟德和曹丕，恐怕他的治国安邦之策，他的发展经济之法，他的运筹帷幄之术，就难能有用武之地了。如此一来，诸葛亮也就难以在历史上存在了。

所以，如果你遇见平庸型领导并不一定是坏事。关键在于你自己是否真正有水平、有能力。如果你自己真正有水平、有能力，你就可以像诸葛亮一样处理好与平庸领导的关系，淋漓尽致地发挥你的才能，发挥你的主动性、创造性。

第二，要正确认识自己的才能。有时候，你所认为的平庸领导其实未必平庸，也许是自己不能认识自己的才能，或者以偏概全所导致。记得阿拉伯有这样一则寓言故事：

湍急的河流上，行驶着一条小船，船上除了船夫以外，还有一位哲学家。

哲学家问船夫："你学过外语吗？"船夫答："没有。"哲学家又问："你学过历史吗？"船夫答："没有。"哲学家摇摇头说："那么，你失去了生命的一半。"

船继续往前走，哲学家接着问："你学过数学吗？"船夫答："没有。"哲学家摇摇头说："你失去了生命的另一半。"

这时，一阵大风刮来，把小船掀翻了。船夫看着在水里挣扎的哲学家，高声问："你会游泳吗？"哲学家答："不会。"船夫说："那你就要失去整个生命了。"

这个故事形象地告诉人们：无论何人都会各有所长，各有所短，千万不要骄傲自满，应该互相学习，取长补短。我们在跟平庸的领导相处时，也应该这样认识问题。我们必须注意反省自己，正确认识自己的才能。千万不能认为领导平庸，自己就骄傲自满，自以为了不起。

第三，即使领导平庸也有相处的方法。遇到平庸型领导，要"既来之，则安之"。但这并非是要你听之任之地在平庸型领导的手下混日子，而是从心态调整上要如此。在行动上，则要对平庸型领导鼎力相助，善待领导。诸葛亮即是如此。他对刘氏王朝可谓鞠躬尽瘁，死而后已。处在平庸领导者手下的领导者应该像诸葛亮学习，作一个智慧者。

一般说来，平庸的领导遇事常常没有主意，智慧者在看到领导遇事没有主意时，绝不会袖手旁观，而是坦诚地献计献策。

平庸的领导者常常会嫉妒下属的能力、才干，智慧者在遭到领导的嫉妒时，绝不会火冒三丈。因为他知道，如果火冒三丈，更是给"妒火"火上浇油。他会理智地包容领导、体谅领导；他会明智地佯装不知，继续安心工作，并以真诚的态度帮助领导，使领导的能力得到提升。

平庸的领导者常常多疑，不信任下属。因为他自己能力有限、才干不足、缺乏自信，所以，对下属提防有加，总是担心下属说自己的坏话。智慧者遇此情况，一般是谨慎行事，并注意经常请示汇报。

（八）应对嫉妒型领导的策略

一群比餐桌还矮的店员正在桌椅板凳之间忙活着，仅比桌子高一点儿的武大郎，在掌柜的桌子上打着盹儿。就在这时，一个高个子来应聘，一个店员很神气地告诉应聘者，"我们掌柜的有个脾气，比他高的都不用！"

这是中国著名的漫画大师方成先生九十年代的作品《武大郎开店》里的情形。自这幅漫画之后，人们就把那些心胸狭窄，容不得部属才能超过自己、嫉妒下属才能的某些领导称之为"武大郎开店型领导"。

在一个班子里，要是遭遇武大郎开店型的领导，的确是一种悲哀。因为这种类型的领导为了保住自己的"既得利益"，或者为了不让比自己能力更大的人冲击自己的"既得利益"，总是毫无顾忌地把一些能力比自己高的人拒之门外，或者千方百计地打压那些已经"进入门槛"的人才。

面对武大郎开店型的领导,下属必须要有巧妙的相处策略,才能免受挤对。

一般说来,武大郎开店型的领导嫉妒下属,主要是嫉妒下属的才能和功名。因此,如果有人遭遇了武大郎开店型的领导,就要采取以下的策略:

第一,表现才能有"方"。所谓表现才能有"方",就是要有分寸地发挥自己的才能,千万不要在领导面前张扬、显示自己的才能。否则,其患无穷。杨修就是聪明反被聪明误。

据《三国演义》第七十二回记载,曹操出兵汉中,与刘备相持不下,进退维谷。这一天,他正在喝鸡汤,夏侯惇走进军营,禀请夜间口令。曹操随口说道:"鸡肋!"于是,夏侯惇便将这一口令传了下去。行军主簿杨修,见传"鸡肋"二字,便让随行军士收拾行装,准备归程。

夏侯惇得到消息,很是惊讶,忙向杨修请教原因。杨修告诉他:"以今夜号令,便知魏王不日将退兵归也。鸡肋者,食之无肉,弃之有味。今进不能胜,退恐人笑,在此无益,不如早归。来日魏王必班师矣,故先收拾行装,免得临行慌乱。"于是,各营军士都打点行装,准备退兵。

曹操见状大惊,了解到详情后,异常愤怒,斥责杨修道:"汝怎敢造言,乱我军心!"于是,喝令刀斧手把杨修推出辕门斩了。

曹操杀杨修,后人多有评说。清初毛宗岗说:"杨修之死,在于'不善处人骨肉'。夫以正直忤操,则罪在操;以不正不直忤操,则罪在修。故修之死,君子于操无责焉。"(《三国演义》毛批)。在毛宗岗看来,杨修的死是自取其祸,根子在于他不懂得处世之道,乱说话。

毛宗岗的话是很中肯的。杨修如果对自己的才能不张扬,收敛些,是不会身首异处的。可惜,他不懂得这一处世之道,结果做了刀下鬼。

第二,面对功名要推让。谦虚谨慎,是中华民族的传统美德。在武大郎开店型的领导面前，下属更要发扬这种美德。要尽可能地将成绩归功于领导和集体，以免"功高震主"。要知道，武大郎开店型的领导是最容不得下属的功名在他之上的。如果下属的功名在他之上，那下属的日子肯定不会好过，他会想方设法让下属难堪，甚至让下属"下岗"。

　　第三，采取"弱兵"之策。"尺有所短，寸有所长。"武大郎开店型的领导虽然才能不济，但也并非什么都不行；下属水平再高，也不一定什么都在领导之上。下属应该意识到这一点，而且在适当的时候，将自己的弱项表露给领导。在你的弱项面前，武大郎开店型的领导会得到一种心理满足，从而减轻对你的嫉妒。

　　比如，你的领导围棋下得不错，而你的围棋不怎么样，你就不妨在下围棋上向他"挑战"，几个回合下来，当你被他杀得一塌糊涂之时，他的心理也就找到了平衡点。

　　第四，运用"请教"之道。所谓"请教"之道，就是要学会在领导引以为骄傲之处向他请教，并表达自己的羡慕，进行赞扬，以此来显示自己的"无知"。

　　比如，某单位张处长撰写的一篇论文获得了省社科系统的一等奖，并代表获奖者讲话。表彰会后，他的领导王副局长不无妒意地对他说："名声远扬嘛！感觉一定不错！"

　　张处长平日里知道这位王副局长心胸不宽，听他这样一说，更清楚王副局长的妒意了。于是，他机敏地说："别提了，从来没见到过这样的场面，站在台上，我的腿肚子都要转筋了，紧张得不行。真佩服您，每次您在台上讲话，都那么镇定自若，真希望您能给我传授点经验。"

　　听了张处长的话，王副局长心中释然了。虽然表面上说，"哪里，哪里"，心里却很得意，也畅快了许多，对张处长的态度也恢复了常态。

十一、激励下属的方法与艺术

第二次世界大战中的风云人物巴顿,曾经有一句名言:"战争可能是靠武器来打的,但是赢得战争胜利则靠的是人。"他这里所说的"人",就是指统帅手下的人。

的确,统帅是决策者,而真正"开枪打仗"的则是士兵。没有士兵,统帅的决策是无法实现的。组织管理也是如此。领导目标的实现,必须靠全体组织成员的共同努力;没有全体成员的共同努力,任何好的决策都无济于事。因此,领导工作的核心就是要调动组织成员的积极性,使他们能够最大限度地发挥主观能动性,为组织的发展做贡献。

如何调动组织成员的积极性呢?辛亥革命时期女革命家秋瑾说过一句话:"水激石则鸣,人激志则宏"。激励是调动组织成员积极性的一种行之有效的方法。

关于激励,心理学家赫茨伯格曾提出了一个著名的"双因素论",即保健因素和激励因素。他认为,要调动组织成员的积极性,首先就得注意保健因素,使组织成员不致产生不满情绪,保持其积极性,这是一种预防性的维持因素;但重要的是利用激励因素,激发组织成员的精神,让组织成员做出最佳的表现,增强其进取心、责任感、成就感。激励因素就像人们锻炼身体一样,可以改变身体素质,增进健康,是一种积极的内在因素。

（一）领导激励的工作过程

领导激励，是指领导者在实施领导的过程中，运用一定的方法和艺术，激发和鼓励被领导者的动机和行为，调动被领导者的积极性、主动性和创造性，以便有效地实现组织及其被领导者个人目标的系统活动。

领导激励是一个复杂而且具有连锁反应的工作过程：被激励者首先感觉到自身有需要，由此产生"要求"，然后形成"动机"，即未满足的欲望，于是引起行动以达到"目标"，最后是"要求"得到了"满足"，而"满足"有助于"强化"下一步的工作。

换句话说，领导激励，实际上就是满足需要、激发动机、行为鼓励、目标引导的工作过程。这也是领导激励的要旨。

第一，满足需要。需要，是领导激励的逻辑起点。心理学和行为学研究证明，人的行为都是有目的的，而这种有目的的行为，都是出于对某种需要的追求。这就是说，需要，是驱使人们从事各项活动的一种源动力。

人的需要是多方面的。但从性质上来说，主要包括两方面的内容：一是物质需要，如衣服、食品、住房、交通工具等；二是精神需要，如文化知识、道德理想、尊重信任、荣誉地位等。激励，就应该从满足被激励者的这些需要入手。比如，授予下属先进工作者、劳动模范等荣誉称号，便标志着下属某方面追求的成功和自我价值的增值，这无疑满足了下属精神上的需要，从而会增强他的奋发感。相反，如果下属在被信任、被承认、荣誉等方面的需要应该得到满足时而得不到满足，他的积极性可能就要消退。

满足需要，虽然是激励实现的基础。但是，由于主客观条件的制约，领导者不可能将被激励者的所有需要都能予以充分地满足。领导者只能有选择地部分满足被激励者的需要。一般说来,领导者应该设法满足被激励者的优势需要、合理需要与内在需要。

优势需要,是被激励者在某一时间内最强烈、最紧迫、最主要的需要。领导者要善于发现被激励者的优势需要,并在条件允许的情况下,予以及时地满足他的需要。

合理需要,具有多种内涵:一是这种需要与组织的需要相一致;二是这种需要与社会需要相一致;三是这种需要合乎社会规范且能被满足;四是这种需要被满足之后能起到好的作用。领导者要善于区分下属的需要是否合理,对合理的需要,要尽量予以充分地满足。

内在需要,是人的心理上和精神上的深层次需要,也是被激励者的高级需要。它远比生理需要和物质需要更难识别,更难满足。但这种需要一旦被满足,其激励效果会大大好于生理需要和物质需要的满足。因此,领导者要善于辨识被激励者的内在需要,并有针对性地予以满足。

第二,激发动机。动机是个心理学概念。它是引发并维持人的行为以达到一定目的的内在动因。人的内在需要是动机产生的基础。需要被人所意识到之后,就会产生动机,产生了动机就能激发人的行为。动机是推动人行为的源动力。既然动机是推动人行为的源动力,那么,领导激励的直接目的就是激发下属的动机。

领导者应该选择适宜的方法,激发下属积极向上、有益于组织目标实现的动机。这种动机能产生对组织有利的行为,从而使组织目标有效地实现。

要强调的是,动机属意图、愿望、想法等观念形态,隐藏在行为的背后,无法直接观察和判断,只能间接推断。因此领导者要想激发被激励者的动机,首先必须了解被激励者的真正动机,这样才能有的放矢地进行激发。

第三,行为鼓励。行为是人的外显活动。人的内在需要和动机是行为的基础，是行为的内驱力。相对于满足需要和激发动机来说，鼓励行为更容易些。因为行为是外显的，观察、把握起来比较方便。

领导者在激励活动中，必须注意鼓励正确行为，并予以强化；必须注意抑制错误行为，并予以引导；必须注意以身作则，树立行为的榜样。不仅如此，还要建立行为规范，并能将这种规范内化到组织成员的行为中去。

第四，目标引导。目标，是指行为所要达到的预期结果，是满足需要的对象。人的行为不是盲目的，它不仅有起因，而且有目标。目标对人的行为有导向作用，是行为的追求物。

领导者要有效地激励被激励者，一定要注意用适宜的奋斗目标来对被激励者的行为予以引导。在目标引导时，要注意三个结合：一是将组织成员的个人奋斗目标与组织的目标相结合；二是将领导设置的目标与组织成员已有的目标相结合；三是将短期目标与长远目标相结合。

综上所述，我们认为，在激励的过程中，需要、动机、行为和目标是密切相连、环环相扣的。需要引发动机，动机转变为行为，行为指向目标。因此，领导者运用激励的方式方法，一定要注意将这"四者"紧密地结合起来，理清它们之间的联系，综合上述四种操作，内外互补，来求得最佳激励效果。

（二）领导激励的基本原则

领导激励能充分调动下属的积极性、主动性和创造性，但取得这一效果的前提，是在实施领导激励时，必须遵循一定的原则。激励的基本原则是：

第一，需要针对性原则。有句外国谚语说得好："盲人不会因为你送镜子而感谢你。"激励手段的运用，也要针对激励对象的不同心理需要。不同的职业,不同的年龄,不同的文化程度,不同的兴趣爱好,不同的性格,不同的经历,有着不同的心理需要。如果不能"对号入座",就达不到激励的目的。所以,领导者在使用激励手段时,一定要认真分析被激励对象的心理需要,以求"对症下药"。

第二,"两个结合"原则。领导者运用激励的手段来激励部属时,还必须坚持"两个结合":

其一,**精神鞭策和物质鼓励相结合**。人们对某种需要的追求,使激励得以有用武之地。而人的需要,并不单单是物欲和情欲,它是物质需要和精神需要的统一。这种统一,要求领导者在激励下属时,不能偏颇,要"两手都要抓,两手都要硬"。只有精神鞭策,而没有物质鼓励,不可能充分调动下属的积极性,反之亦然。因此,应遵循物质鼓励与精神鞭策相结合的原则,使激励发挥最佳效用。这就是说,既不搞"精神万能",也不搞"奖金万能",而是让二者紧密结合,互为补充。

其二,**鼓励和惩戒相结合**。除了做到精神鞭策与物质鼓励相结合外,还不应忽视鼓励和惩戒相结合。下属有了错误,必须批评,必要时也该惩罚。其实,批评、惩罚也是一种特殊形式的激励,是一种反面刺激。这种反面刺激也能起到教育激励作用。如果有错误不批评,有过失不惩罚,姑息迁就,激励就起不到导向作用,还会挫伤群体的积极性。因此,领导者在激励下属时,不能忘记鼓励与惩戒相结合的原则,该表扬鼓励的表扬鼓励,该批评教育的批评教育。

第三,**及时有效原则**。激励重在及时有效。及时,就是能适时满足下属的心理需要。生理学家认为,人的中枢神经有两个活动过程:一是抑制过程,二是兴奋过程。激励时机的选择和方法的运用,跟中枢神经的这两个活动过程有关。

当下属的精神处于抑制状态时,领导者要激发他们的情绪,让他们变得振作起来;当下属的情绪已处于兴奋状态时,领导者则要激励他们再接再厉，使他们始终保持旺盛的奋斗劲头。有效，就是激励要讲究实效。

第四，公平公正原则。作为组织成员，只要他为祖国、为组织、为人民做出了突出的贡献，都应该受到褒奖激励；只要他做了损害祖国、人民利益的事情，都应该受到惩罚。这就是说，在激励面前，人人机会均等，其条件和标准适用于每一个人。因而，任何领导者都不能以个人的亲疏、好恶作标准，对亲者赞扬，对疏者贬损，而必须执行公平公正的原则，这样才能激励调动起所有下属的积极性、主动性和创造性。

（三）领导激励的有效方法

有效的激励方法能充分地调动组织成员的积极性和主动性。实践证明，下面的激励方法都是非常有效的：

第一，物质激励。物质激励是领导激励的一种重要的方法。这种方法就是通过晋升工资，颁发奖金和礼品，以及其他的各种福利待遇，来调动下属的积极性、主动性和创造性。领导者运用物质激励应该注意以下三点要求：

其一，避免金钱至上。物质激励能有效地调动组织成员的工作积极性。但运用这种激励方法，一定要与精神激励相结合，以免使组织成员掉进金钱至上的陷阱。组织成员一旦掉进金钱至上的陷阱，物质激励的方法就会失去效用。

其二，物质激励必须与工作成绩紧密地结合在一起。一般说来，在实施物质激励时，只有当预期的报酬与个人现在的报酬相比差距较大时，物质激励才能成为动力。因此，实施物质激励必须与工作业绩紧密地联系在一起。这样，物质激励才能成为强有力的激励因素。

其三，物质激励必须有规可依，不能违反有关的规定，乱发薪酬、乱发物质奖励。

第二，目标激励。目标激励，是指用确定的、具有社会意义的、符合人们切身利益的、科学可行的目标，也就是通过奋斗能够获得的成就或结果，来激发下属的行为动机，使他们产生旺盛的奋斗精神。

人们的行动都是有着一定目的的，这种目的性，为目标激励方法提供了可能性。

心理学家的实验研究表明，目的性行为的效率明显高于非目的性的行为。因为当人们明确了可能达到的目标，就会为达到目标而努力。比如，一个万米赛跑运动员，当人们告诉他还剩一千米，再加把劲，就可夺得金牌时，即使他身体某部位疼痛，他也会咬牙加快速度完成最后的冲刺。

第三，危机激励。目标激励是一种正面激励，领导者用光明的前途，远大的目标去鼓舞下属群众，调动他们的积极性。危机激励是一种反面激励。领导者用现实的困难、危机、忧患去唤起人心，使组织成员的凝聚力增强。领导者运用危机激励，关键要把握以下三点：

其一，把困难告诉下属。危机激励首先要把组织群体面临的困难如实地告诉下属，使他们知道自己所面临的处境，以便唤起他们的危机感，从而激发起战胜困难的斗志。把困难告诉下属应该注意"三要"：一要实事求是，不夸大，也不缩小。夸大困难会使下属泄气；缩小困难则难能引起下属的重视。二要讲清利害关系。应该告诉下属，现在的困难不仅会给组织群体带来不利的局面，也会给组织群体中的个人带来损失。三要选准时机。

其二，给下属指出光明的前景。毛泽东同志曾经说过，我们的同志在困难的时候，要看到成绩，要看到光明，要提高我们的勇气。领导者运用危机激励，仅仅把困难告诉下属是不够的，还必须在告诉困难的同时，为下属指出机遇所在，光明所在。

其三，要与下属同舟共济。危机激励是否成功，除了向下属说明真实的困难情况，更重要的还是领导者要与下属同舟共济，共渡难关。要让下属感到，在困难面前，领导者没有袖手旁观，而是勇于站在困难的前沿。

第四，逆反激励。人都有自尊心、自爱心、荣誉心，也有虚荣心和好胜心。逆反激励，就是有意识有目的地运用富有刺激性的语言，将工作对象的这种心理激活，使其改变原来的态度。这种方法俗称"激将法"。例如：

我国著名排球女国手孙晋芳，少年时代在苏州业余体校练打排球。刚进体校时，还练得很有劲，但时间一长，便觉得天天练球单调无味，索性回家不练了。教练认为她是个好苗子，不练可惜，就多次登门做她的思想工作，但几次"顾茅庐"都没有效果。最后，教练采用了逆反自尊激励的方法，取得了成功。

教练对她说："我看你就不是打排球的料，我也不再跟你费口舌了！"

孙晋芳听了这话，十分恼火："好啊，你说我不是打排球的料，我就非打给你看。"

在被刺激的逆反心理驱动下，孙晋芳返回了体校。回校后，她全身心投入到排球训练中，后来为我国排球获世界冠军立下了汗马功劳。

这位教练就是利用了孙晋芳的自尊心理，有意使用富有刺激性的语言，来刺痛她的自尊心，使其形成羞耻、痛苦、悲愤等情感体验，并因之而产生出坚定的信心、巨大的力量。

逆反激励是一种有效的激励方法，但是，这种方法也不能滥用。运用时，应该注意以下几点：

其一，要了解被激励对象的性格。逆反激励并不适用于任何人。一般说来，它多适用于那些性格刚烈，自尊心、荣誉心或者好胜心很强的人。这种人大多都喜欢别人看重自己，希望自己超过别人。因此，用带有刺激性的语言来激他，十有八九会成功。但如果被激励对象性格懦弱内向，做事谨小慎微、自卑感强，没有什么荣誉感，刺一千锥子也不出血，整个儿是一个麻木不仁者，逆反激励是没有用武之地的。因为富有刺激性的语言会被他们误认为是对他们的挖苦、嘲弄，并极有可能导致怨恨心理。

其二，要选准激励的时机。逆反激励不是在什么时候说都能取得好效果的。时机过早或过晚，都难见成效。因此，领导者运用逆反激励时，一定要选准时机，即选在被激励对象对问题有了一定的思考，但还没有下定决心行动时。在这种犹豫不决的时候，激励者如果能适时地撒下"催化剂"，就会很容易取得成功。

其三，要注意话语的分寸。并不是什么话语都可以激发起对方情感的。话语太刻薄，容易形成对抗心理；而话语柔弱无力，不痛不痒，则又难能让对方的情感产生波动。因此，领导者在使用逆反激励方法时，在用语上要把握分寸，注意言辞的"度"。既防止"过"，又避免不及。

第五，许诺激励。许诺激励，就是领导者通过许诺某件事，如职务的晋升，职称的评定，工资待遇的提高以及荣誉、记功等，来调动被激励者的积极性。运用许诺激励，应该注意以下几点要求：

其一，许诺要适度。适度，是许诺激励的关键。许诺过高，就会"失信于民"。假如一位领导说，小伙子，好好干，干好了能当总理。这是不能调动积极性的，因为目标无限大，而实现的可能性等于零，所以调动不了积极性。许诺过低，则形不成激励因素，许诺形同虚设。比如，一位领导说，大家好好干，干完之后免费供应空气。这也不能调动积极性，因为目标价值等于零。所以，领导者在许诺时，一定要掌握好许诺的度。就是要给他确定一个比较切实可行的目标。

其二，许诺要适宜。这里所说的适宜，是说许诺要符合不同人的需要。比如，对于一位没有权力欲望的人，领导者用授予权力的许诺是很难激励他的；而对于一个没有物质欲望的人，领导者用奖励财物的许诺激励也是难能奏效的。

其三，许诺要兑现。下属对领导的许诺总是非常认真的。领导者如果许诺了，一定要兑现，否则，不仅起不到激励下属的作用，还会使领导者丧失威望。

第六，榜样激励。榜样激励，包括两方面的含义：一是指通过树立先进典型来激励组织成员；二是领导者本身要做出榜样。

通过树立先进典型来激励组织成员，必须坚持实事求是的原则，不能为了政治需要而随意拔高，将平凡的人塑造成神。那种人为树立的榜样是无法起到激励作用的。

通过树立先进典型，能有效地激励组织成员，而领导者本身做出榜样，其激励的效果更好。

古人云："其身正，不令而行；其身不正，虽令不从。"这话的意思是说：做领导的，要是本身行为端正，即使不发布命令，下面的人也会去干；如果自身的行为不正派，即使发出了命令，人家也不会听你的。

事实的确如此，领导者如果作风正派，廉洁奉公，言行一致，秉公办事，严于律己，那么，他一定会博得下属的尊敬和信服，他下达的计划、指示，群众会以高昂的热情去努力实现。否则，就会失去号召力，群众的工作热情也就可想而知。难怪人们说："喊破嗓子，不如干出样子。"若是自己每日颓丧，又怎能激励起下属的工作热情？因此，领导者应该运用榜样的力量，来激励调动下属的工作积极性。要求别人做到的事，自己首先要做到；要求别人不做的事，自己首先不去做

十二、语言表达的方法与艺术

习近平总书记在任浙江省委书记时,曾批评有的领导者不会说话,在很多场合处于失语状态。他总结说:"他们与新社会群体说话,说不上去;与困难群体说话,说不下去;与青年学生说话,说不进去;与老同志说话,给顶了回去。"

对于习近平总书记当年批评的问题,有群众概括说,有的领导讲话"太离谱听不懂,太遥远不实用,太官样难入耳,太虚假难相信。"

领导者要解决上述的问题,需要掌握语言表达的方法与艺术,说出让听众听得懂,听得进,听得愉悦的话,最终实现有效沟通。

(一) 语言表达艺术的内涵与特点

"艺术"是一种创造美的技巧。既然艺术是一种创造美的技巧,语言表达艺术就应该是一种美的语言。苏联著名教育家苏霍姆林斯基认为,美的语言能带给人愉悦、幸福和享受,是人类不可缺少的精神生活资料。

那么,什么是领导者的语言艺术?陈毅同志当年的一段逸事能形象地回答这个问题。

1962年7月23日,《关于老挝中立的宣言》和《关于老挝中立的议定书》在日内瓦签署之后,中国代表团的团长陈毅,见到了他的谈判对手,美国代表团的代理团长哈里曼。

哈里曼就签字仪式前的讲话对陈毅说:"我对你讲话稿中的头两页是同意的,但不同意第三页。"

这个问题从表面上看,是讲话稿的第几页的问题,但实质上是一个严肃的外交政策、外交立场问题。我们看陈毅是怎样处理这一问题的。

听了哈里曼的话,陈毅微笑着对他说:"看来你还不如我的水平,我讲了两页你们喜欢的,而你讲的我一页也不喜欢。"

应该说,这是领导者语言表达艺术的一个经典案例。双方的表达都充满着艺术性。而陈毅的回答更是巧妙得体:幽默、含蓄,而又不失原则。因此,这里给领导者语言表达艺术下这样一个定义:

领导者的语言表达艺术,是领导者在领导活动的过程中,根据表达目的、表达内容和语言环境,巧妙地选用语言材料,利用有声语言,并辅之以态势语言去表情达意的一种技巧。

所谓态势语言,就是一个人的神情举止着装。与一般的语言表达方法相比,领导者语言表达艺术具有以下几个突出的特点:

第一,灵活而不失原则。语言艺术是一种非模式化的语言技巧,具有高度的灵活性。语言艺术的灵活性包含两层意思:

其一,能从实际情况出发,根据语言环境的变化,选用恰当的话语,来保证言语交流活动顺利进行。

2011年12月15日午间,周小川在财经年会上发表演讲。他演讲的主题是《金融业要加强对实体经济的扶持力度》。演讲过程中,他身后的背景板突然掉了下来,差一点打到他。

周小川看了看脱落的背景板,笑着调侃道:"看来也是要有风险控制的。"

背景板突然脱落,是临场的突变因素。这突变的因素,打破了和谐有序的交流环境，周小川用艺术的语言化解了尴尬。"也是要有风险控制的"表面上是说背景板脱落，实际上是暗含金融业扶持实体经济也要有风险控制。一语双关，不离演讲主题。

其二，能根据所处的具体环境，选用不同的语言形式表达同一思想内容，以求达到最佳的交际效果。

有一个皇帝梦见自己的牙掉光了。梦醒之后，他让一位大臣给他解梦。这位大臣告诉他：陛下，很不幸地告诉您，每一个掉落的牙齿，都代表着您的一个亲人的死亡。

皇帝非常愤怒，让人把这位大臣推出去给斩首了。皇帝又让另一位大臣给他解梦。这位大臣说："圣上，您真是洪福齐天，您将活得比所有亲人都要长久。"皇上非常高兴，奖赏了他。

这两位大臣所要表达的思想内容是相同的，但却选择使用了不同的表达形式，也实现了不同的交际效果。有时候，怎么说比说什么更重要。

灵活性是语言表达艺术的一个重要特点。但对领导者来讲，"灵活"必须是有原则的灵活，而不能是无原则的"灵活"。

所谓有原则的灵活，就是领导者在讲话时，不能无原则地去评价某些事、某些人；不能置组织利益于不顾，无原则地去博得对方的好感。因此，领导者需要牢记自己的角色身份，坚持原则，坚持党性，维护大局，该讲的话，敢于大胆讲；不该讲的话，则一句也不能讲。决不能为了取悦他人而"灵活"。

那么，怎样才是灵活而不失原则？周恩来同志的故事给了我们答案。

1963年12月，周恩来同志访问摩洛哥王国。在宴会后的交谈中，哈桑国王先是询问中国生产军用飞机和导弹的情况。这是意料当中的话题。突然，哈桑出人意料地转换了话题，问周恩来同志："当今世界上像我们这样的国王、皇帝已经不多了,不知今后会怎么样?"

很显然,哈桑给周恩来同志出了一道难题。不管回答今后怎么样,都有干涉别国内政的嫌疑;如果不回答,则会使交流陷入尴尬的境地。我们看周恩来同志是怎样解答这道难题的。

周恩来同志风趣地答道:"你们可以组织一个委员会,开个会商量商量嘛!陛下可以担任这个委员会的委员长嘛!"

这就是灵活而不失原则:既坚持了不干涉别国内政的原则,又用巧妙的语言保证了交际环境的和谐有序。

第二,创新而不忘规范。创新是语言艺术的灵魂。为什么有的领导者讲话妙趣横生,引人入胜?一个非常重要的原因,就是他们的语言表达具有创新性。

比如,习近平总书记在讲话中,曾经用"块头大不等于强,体重大不等于壮,有时是虚胖"来比喻说明只有经济总量而没有先进科学技术支撑是不够的;用"墙头草""推拉门"来描述干部队伍中的好人主义,等等。

再看杨献珍与彭德怀的一段对话。1959年庐山会议之后,彭德怀同志被派到中共中央党校学习。当时,杨献珍同志担任中央党校校长。因为庐山会议上的一些事情,彭德怀情绪不好。杨献珍想做他的思想工作。如何劝慰彭德怀?在当时的环境下,是一道难题。杨献珍是怎样破解这道难题的呢?

杨献珍见到彭德怀之后,诚恳地对他说:"在历史和现实的一堆疑惑面前,我们应该力求像一句名言所说的:'不哭、不笑,而是去理解'。"

听了杨献珍的这段话,彭德怀对他说:"好,我现在是你的学生,你要给我一把理解的钥匙啊!"

杨献珍接着便引用了巴尔扎克的一句话来激励彭德怀:"'打开一切

科学的钥匙毫无疑问的是问号。我们大部分的伟大发现都应归功于为什么。'彭总啊，其实你掌握理解的钥匙并不比其他同志少，只不过你目不随人视，耳不随人听，口不随人语，鼻不随人气。这种'宁可找到一个因果的解释，不愿获得一个波斯王位'的气质，不正是一些人永远得不到的钥匙吗？"

对于身处逆境的人，人们更多的是安慰劝说。但杨献珍同志没有这样做，他是巧借名言，真诚地赞扬彭德怀坚持真理、为民请命的大无畏精神。通过赞扬来激励彭德怀。这种表达所取得的效果，是一般的劝慰话所无法做到的。

"宁可找到一个因果的解释，不愿获得一个波斯王位"一语，是古希腊著名哲学家德谟克里特所言，意思是为了追求真理，而不怕放弃王位。

习近平总书记的讲话和杨献珍与彭德怀的对话，都有一个共同特点，就是语言创新。

所谓语言的创新，就是能打破常规，根据交际的需要，创造性地选择语言材料和表达技巧来表达思想，传递感情。

具有创新性的语言，能使领导者的话语充满个性魅力。但领导者在创新的同时，一定不能忽视语言的规范性。也就是说，领导者语言的创新必须是合乎语言发展规律，合乎语言运用规律的创新，而不能是随心所欲的"创新"。

第三，内容与形式并重。内容美是语言艺术的第一要素，但却不是语言艺术的全部。领导者的语言艺术应该是形式美与内容美的有机结合：特定的思想内容用最恰当的语言形式表达出来，最恰当的语言形式表达特定的思想内容。也就是说形式与内容并重。不能只顾内容美，而不顾形式的蹩脚；也不能只顾形式漂亮，而不顾内容的拙劣。任何偏颇，都不能称为领导者的语言表达艺术。

古时候，有个叫李廷彦的县官，他写了一首百韵诗，给他的顶头上司州官看。这首百韵诗有两句云："舍弟江南没，家兄塞北亡。"

州官读了之后，很同情地说："没想到你家这么不幸。"李廷彦听了这话，笑着解释说："其实，我的兄弟并没有死，我不过是为了求诗句对偶贴切工整而已！"

显然，李廷彦的文风是不足取的。他只顾追求形式美，而不顾内容的真实。于是有人嘲讽他说："你何不写上'爱妾宿僧舍，娇妻住道房'，这样还可保全你的兄弟。"

事实上，我们研究语言艺术的目的，就是为好的思想内容寻求到恰当的语言表达形式。请看下面这首《夜壶赞》诗：

我多想作一把夜壶，

藏在人们的床下。

虽然是那么又脏又臭而且难看，

但总给夜尿者以方便。

虽然这算不了对人类有什么贡献，

但也比那些光拿钱不干事的人好！

从这首诗所要表达的思想内容看，应该说是美的，值得称赞；但语言表达形式却令人不敢恭维。试想，用"夜壶"作喻体来表达奉献的思想境界，能协调吗？其效果只能是贬义，谈不上有什么赞美之情，自然也不是艺术的表达。

（二）语言表达艺术的原则与要求

1960年5月，英国元帅蒙哥马利应邀来我国进行访问。访问期间，熊向晖陪同蒙哥马利观看了豫剧《穆桂英挂帅》。蒙哥马利看完戏之后，对熊向晖说："这出戏不好，怎么能让一个女人当元帅呢？"

熊向晖解释说:"这是中国民间传奇,群众很爱看。"蒙哥马利不以为然地说:"爱看女人当元帅的男人不是真正的男人,爱看女人当元帅的女人不是真正的女人。"

听了蒙哥马利的话,熊向晖有点不高兴,立即反驳他说:"伊丽莎白女王也是女的,按你们的体制,她是国家元首和全国武装部队的总司令。"蒙哥马利被熊向晖驳得哑口无言。

周恩来同志知道这件事情之后,批评了熊向晖。周恩来同志对他说:"你讲得太过分了,告诉客人这是民间传奇就够了,何必要反驳他。你搞了这么多年的外交工作,还不晓得求同存异,弄得人家无话可说,就算你胜利了?"

熊向晖之所以受到了周恩来同志的批评,主要是因为他违背了言语沟通中的得体原则和礼貌原则。蒙哥马利是我们请来的尊贵客人,对客人不依不饶是不礼貌的。

这个故事说明:人们在组织话语进行交际时,必须遵循一定的原则,如果不能遵循一定的原则,即使你所说的话有道理,也不能达到预期的交际效果。领导者语言表达艺术,也是如此。

第一,合作原则及其要求。合作原则,是美国语言哲学家格赖斯在1967年提出来的。所谓合作原则,是指参与言语活动的双方必须合作,并遵守一定的规则,以保证言语活动的和谐有序,取得预期的效果。这一原则要求领导者在说话时,应该注意以下几点:

其一,信息适度。信息适度,就是话语中所包含的信息量应以适合说话主题的需要为度,既不能太多,也不能太少。信息量超过了主题的需要,就会产生废话;信息量太少,就是信息缺失。

其二,话语真实。就是要努力说真话。不说自己认为是不真实的话;不说缺乏足够证据的话。

我们原则上要求领导者要努力讲真话,但也并非是说任何时候、在任何情况下都必须讲"真话"。在有的时候，有的情况下也是不能完全讲"真话"的。比如，遇到涉及机密的事，就不能讲"真话"，讲"真话"，就是泄密。泄密是要受到惩处的。

假如你是一家大型企业的技术总监，你掌握着这家企业的核心技术。

一天，一位两小无猜的朋友找到了你，希望你能将核心技术告诉她。而且她还对你说，我们从小就有约定，心中不要保留任何秘密。你应该遵守这个约定。

这时候，你就不能诚信地讲真话。如果此时你"诚信"地讲真话，你就泄露了企业甚至是国家的机密，你就要负法律责任。《中华人民共和国保守国家秘密法》第三十一条规定："故意或者过失泄露国家秘密，情节严重的，依照刑法第一百八十六条的规定追究刑事责任。"

看来，这说话还真的不容易。那么，对于说真话和说假话的问题如何处理呢？北京大学中文系教授钱理群先生认为，人说话应该有底线。这三条底线依次是：

"一、力图说真话；二、不能说真话，则保持沉默；三、无权保持沉默而不得不说假话时，不应伤害他人。"

钱理群先生还补充说，"无权保持沉默而不得不说假话，若这种假话并未伤害他人，可成为奴隶，值得同情；但若伤害他人，则只能做奴才，不可原谅。"

钱理群先生为什么提出了这三条底线？看了钱先生的《示众——反右运动中我在两次批斗会上的发言》一文，我明白了其中的缘由。

钱先生讲，2008年伊始，他的大学同班同学贺永新先生给他寄来了一段文字。这段文字是从他们班被打成右派的江之浒先生所写的回忆录《夜阑，涛声依旧》里复印的，文中赫然记录了1957年反右运动中钱先生在班级批斗会上的两次发言。

在 1957 年 10 月中旬批斗会发言中,钱先生批判江之浒在给同学的信中,"打了民主、自由的旗帜,企图推翻党的领导"。

在 1957 年 11 月 3 日批斗会发言中,钱先生批判江之浒"反对我们的社会主义性质","为非党报纸争反党反社会主义的自由"。

钱先生说:"面对这白纸黑字的历史,我的第一个反应是:我怎么把它遗忘了?是的,我在很多场合都说过,在反右、"文革"中我说过违心的话,做过违心的事;但是,在江之浒的批斗会上的这两次发言,在我的记忆里,却早已消失了。而受害者却没有忘却,受重创的心灵,至今也还在隐隐作痛!我怎么会、怎么能把它遗忘?!当年对自己同窗的伤害就已经有违做人的良知;而后来的'遗忘',就更不可原谅!"

钱先生说:"昨夜,我睡不安宁。夜半突然惊醒,历史的一幕幕,陡然清晰地呈现,我反复追问:我为什么会作这样的发言?此刻,我又一遍遍地审读,自省,寻求答案。"

通过"一遍遍地审读",钱先生自省到:"一句话:既要当'奴隶',又要做'奴才'。我的发言表明,我所扮演的,就是这样一个会讲歪理因此'有用'的'奴才'。可憎的还是那副自以为大彻大悟,洋洋自得,居高临下地教训被批判者的奴才心态与口吻。但我就是依靠这样的奴才式的表演而逃过了一劫。逃过的代价是对本和自己命运相当的同窗的迫害,把他人推入万丈深渊而以自救:这是怎样的卑劣的行径和罪恶!"

正是由于有过这样的经历,钱理群先生给自己订立了说话的三条底线。

我认为,钱理群先生这"三条底线"对我们领导者说话守底线同样适用。

历史并没有真正成为"过去式"。生活中、工作中我们力图说真话,不说假话。但不说真话又无法保持沉默、不得不说假话的时候,说假话要以不伤害别人为底线。这是人性,这是良知,也是党性。

其三，内容贴切。内容贴切，就是说话的内容要紧扣主题。不说与主题无关的话。我们写文章要围绕主题来写，事实上，说话与写文章一样，也需要围绕主题，不能口说千言，离题万里。不能答非所问。一般而言，正常的思想交流沟通，不应该答非所问，除非特殊的情况。斯大林《在党的第十七次代表大会上关于联共（布）中央工作的总结报告》中，曾经讲过这样一件事：

有一位上级领导会见他的一位下属，了解春耕播种情况。由于这位下属答非所问，成了笑谈。

领导问："你们的播种工作怎么样了？"

下属答："你问播种工作吗？我们已经动员起来了。"

领导问："那么结果怎么样呢？"

下属答："我们把问题直截了当提出来了。"

领导问："那么以后又怎么样呢？"

下属答："我们有了转变，马上就会有转变。"

领导问："究竟怎样了？"

下属答："我们那里有了一些进展。"

领导问："可是你们的播种工作究竟怎样了呢？"

下属答："我们的播种工作暂时还毫无头绪。"

这段对话简直有点像是说相声。这位答话的下属，真是答非所问的"专家"。

其四，方式简明。方式，是指表达方式。它要求领导者在语言表达时，简明扼要，不含糊，不啰嗦；有条理；没有歧义。语言的歧义性很容易导致人与人之间交际的障碍，有时还会产生不好的效果。

第二，得体原则及其要求。合作原则设定了常规的言语交际模式和规范，适用于直截了当的言语交际。但是在人们的言语交际中，只凭合作原则还不能圆满地解释交际中出现的各种复杂现象。比如：

1960年，我国打下了美制U－2型高空侦察机之后，一名外国记者在记者招待会上问陈毅："你们是用什么武器打下的U－2型高空侦察机？"

陈毅同志笑着说："我们是用竹竿捅下来的！"

如果按照合作原则真实性的要求，记者问用什么武器打下U－2型高空侦察机的，就应该回答用什么武器打下来的。但是，在当时的交际情境中，这种表达不是最佳的选择，而回答用竹竿捅下来的，则是最佳选择。因为这样回答，既保守了秘密，又幽默风趣，使交际和谐有序。

因此，得体原则就应运而生。得体原则适用于拐弯抹角的言语交际。所谓得体原则，就是说话要切合具体的语言环境。这一原则要求领导者在说话时，应该把握以下几点：

其一，切合交际身份。身份，是指一个人的社会地位或一个人的辈分。领导者在领导活动中，面对不同的交际对象，有着不同的身份。面对领导，他是下属；面对下属，他又是领导。交流时，需要根据不同的交流对象说出适合自己身份的话来。

尽管领导者面对不同的交际对象有着不同的身份，但有个身份是固定的，这个身份就是党的领导者。作为党的领导者，就必须要知道哪些话能讲，哪些话不能讲。比如说，作为党的领导者，就不能妄议党的大政方针。《中国共产党纪律处分条例》第46条规定，"妄议中央大政方针，破坏党的集中统一"属违纪行为。为什么禁止妄议中央大政方针？中纪委法规室的一位领导同志回答了这个问题。他说，党中央在制定重大方针政策时，通过不同的渠道和方式，充分听取有关党组织和党员的意见建议，但有些人"当面不说、背后乱说"，"会上不说、会后乱说"，"台上不说、台下乱说"，实际上不仅扰乱了人们的思想，有的还造成了严重后果，破坏了党的集中统一，妨碍了中央方针政策的贯彻落实，也严重违反了民主集中制的原则。无疑，应当按《中国共产党纪律处分条例》第46条规定给予相应的处分。

其二，切合交际对象。领导者要使自己所说的话切合语境，取得最佳效果，不仅要从自己的身份地位出发，还要看准听话对象："可与言而不与言，失人；不可与言而与之言，失言。知者不失人，亦不失言。"[①] 更要了解听话对象，根据听话对象的不同性别、性格、职业、文化背景、心理状态，构建不同的话语，以使听话对象顺畅地理解、接受话语，实现交际目的。如果所游说的对象属于追求高尚名声的人，如果用利益去游说他，那么就会被看成是节操下贱的人而受到卑贱的待遇，必然被抛弃或疏远。《韩非子》中写道："所说出于为名高者也，而说之以厚利，则见下节而遇卑贱，必弃远矣；所说出于厚利者也，而说之以名高，则见无心而远事情，必不收矣。所说阴为厚利而显为名高者也，而说之以名高，则阳收其身而实疏之；说之以厚利，则阴用其言显弃其身矣。"这段话的意思是：所游说的对象属于看重利益的人，如果用高尚名誉去游说他，那么就会被看成是没有头脑而脱离实际，必然就不会录用了。所游说的对象心里追求厚利而表面上是追求高尚名声的人，如果用高尚名誉去游说他，那么他表面上会录用游说的人而实际上却会疏远；如果用厚重的利益去游说他，那么他暗地里会采用游说者的意见而表面上会抛弃游说者。[②]

这段话虽然是就游说而言，但对一般的交际交流依然有着重要的启迪价值。它告诉我们，了解交际对象、切合交际对象的重要作用。

其三，切合交际时机。时机，就是具有时间性的机会，恰好的时候。时间是稍纵即逝的，时不我待，机不再来。世上任何事情的成败得失都是与时机分不开的，说话更是如此。

---

① 杨伯峻：《论语译注》，中华书局1980年12月版，第163页。
② 《韩非子校注》，江苏人民出版社，1982年12月第1版，第112—113页。

说话要注意时机，什么时候该说，什么时候不该说，什么时候说什么，什么时候不说什么，都要考虑清楚。"言未及之而言谓之躁；言及之而不言谓之隐；未见颜色而言谓之瞽。"① 不该说这些话时说了，表明是太急躁；该说这些话时不说，就算故意隐瞒自己的观点；不察言观色就说，则是盲目的了。

其四，切合交际场合。西方语言学家说："语言表达恰当与否的真谛是：你能否在恰当的场合及适当的时机，用得体的方式表达你的观点。"场合就是说话时的具体地点、情境。

说话总是在一定的场合下进行的。同样的话在不同的场合下说出来，会产生不同的效果。因此，领导者在说话时，应该注意与当时特定的场合相协调、相切合。否则，会影响表达效果。

某法院开庭审理一起盗窃案，被告对作案时间交代不清。为了核实，审判长决定传被告之妻到庭作证。由于过分着急，审判长脱口而出："把他老婆带上来！"

法庭顿时哗然，严肃的气氛被冲淡了。当时，审判长应该运用法庭用语，宣布"传证人某某某到庭。"由于以日常用语取代了法庭用语，不适应场合，因而很不得体。

语言是很丰富的词汇，只有依据不同的场合，选取最恰当的词语，才能准确地表达自己的思想感情。可见，领导者在说话时，应该注意与当时特定的场合相协调、相切合。

请看下面这段话："今岁改革年，民意之所愿。常委会报告，大家来评判。回眸看去年，峥嵘不平凡。成绩和差距，找准莫等闲。""×城这多年，变化很明显。东部崛新城，高楼耸云端。跨湖飞大桥，马路直又宽。绿树排成行，花红映人面。湖水波粼粼，天空掠飞燕。湖光山色

---

① 杨伯峻：《论语译注》，中华书局 1980 年 12 月版，第 176 页。

美，游人总留恋……"

这不是在说山东快书更不是曲艺中的"数来宝"，而是2015年某市某区人大常委会主任所做的工作报告。全篇每一句话都由五个字组成，韵脚统一，被誉为"五言诗报告"。

对于"五言诗报告"网上褒贬不一。褒者认为别开生面。我不否认这个报告很有文采，但是场合不对。有批评者认为，人大常委会的工作报告是严肃的公文，不宜用追求浮华的文体来表达。工作报告以准确、平实为基本要求，坚持逻辑思维，属于"现实主义"；而诗歌讲究的是比兴之法，要求形象思维，搞的是浪漫主义。追求报告的生动性，没有错，但不能牺牲准确性、严肃性。

我认为，这位批评者的批评意见很到位，如果是联欢会上，用这种方式来表达很合适，但是，人大常委会的工作报告就不合适了。总之，形象有余，而不能反映实际情况。

第三，简洁原则及其要求。提倡领导者说短话，是我党的传统。毛泽东、邓小平都喜欢说短话。1992年，邓小平在一次谈话中便指出："现在有一个问题，就是形式主义多。电视一打开，尽是会议。会议多，文章太长，讲话也太长，而且内容重复，新的语言并不很多。重复的话要讲，但要精简。"[①] 邓小平同志不仅要求领导者说短话，他自己也是带头说短话。他的女儿曾经问过小平同志几个问题。小平同志都是言简意赅地给予了回答。

长征的时候你都干了些什么工作？——"跟着走。"

在太行山时期都做了些什么事？——"吃苦"。

如何评价刘邓大军的辉煌战史？——"合格"。

[①] 邓小平：《在武昌、深圳、珠海、上海等地的谈话要点》，《邓小平文选》第3卷，人民出版社1993年10月版，第381页。

1973年2月，邓小平从江西下放地回北京，毛泽东第一次召见他，开口就问："你在江西这么多年做什么？"邓小平只用两个字回答："等待。"

加拿大总理特鲁多问他三落三起、终能重返政坛的秘诀是什么？他的回答还是两个字："忍耐。"

所谓简洁，就是能用最经济的语言手段，输出最大的信息量，使听者在较短的时间里获取最可能多的有用信息。

要使话语简洁，不仅要养成缜密思维的习惯，善于概括，能够围绕中心说话，还应该注意以下两个技术细节：

其一，要善于选用精粹的词语。精粹的词语有着深邃的内涵力，有着超强的表现力。说话时，运用这样的词语能收到言简意赅的效果。

东汉时，浙江桐庐富春江畔有位隐士，名叫严光，很有节操。宋代范仲淹在桐庐任太守时，为他建造了一座祠堂，来纪念他。祠堂建成后，范仲淹写了一篇二百多字的《严先生祠堂记》，赞颂严光的道德风范。其中有这样两句话：

云山苍苍，江水泱泱；先生之德，山高水长。

文章写好之后，范仲淹把它拿给朋友李泰伯看。李泰伯读后，对范仲淹说："您的这篇文章一旦传出，肯定闻名于世。不过，我想改动一字，使它更趋完美，不知意下如何？"

范仲淹忙问："不知您要改的是哪个字？"

李泰伯说："把'先生之德'改为'先生之风'怎样？"

范仲淹一听，拍案叫绝，立即改了过来。

这个"风"字就是一个有着深邃内涵力的词。它不仅含有"德"字所具有的品德、德行的意义，还包孕有风采、情操和风度等意思，足可以跟山、水并驾齐驱。

其二，要善于使用凝练的语句。凝练的语句能提纲挈领地把问题的本质特征表达出来。达到"片言以居要,一目能传神"的效果。

1936年10月19日,上海各界人士举行公祭鲁迅先生的大会,我国著名的社会活动家邹韬奋先生在大会上作发言。他的全篇讲话仅有34个字。话语虽少,但表达出的思想却非常丰富。他说:"今天天色不早。我愿用一句话来纪念先生:许多人是不战而屈,鲁迅先生是战而不屈。"

他的话之所以能收到这种效果,就在于他使用了"不战而屈"、"战而不屈"的凝练语句,并通过对比的方式,将鲁迅先生那种"横眉冷对千夫指"的铮铮铁骨与一些文人的趋炎附势、奴颜媚骨的卑劣人品,非常强烈、形象、鲜明地表现了出来,使听众益发感到鲁迅的伟大和无耻文人的渺小,而痛惜鲁迅先生的逝世。

有句诗说的好:"浓绿万枝红一点,动人春色不须多。"简洁的话语能突出主题,给听众留下深刻的印象。

第四,通俗原则及其要求。2010年8月9日杨柳风先生在《学习时报》上著文说:"对于思想和理论的东西如何表达出来,通常有四种境界:一是深入深出,即把深奥的理论用晦涩的语言表达出来;二是浅入深出,即把浮浅的观点用深奥的语言表达出来;三是浅入浅出,即把浅显的道理用浅显的语言表达出来;四是深入浅出,即把深刻的思想用通俗的语言表达出来。这四种情况中,唯有'深入浅出'为最高境界。"我深以为然。深入浅出,才能通俗易懂。通俗,就是语言表达要浅显、明晰,易于为人所接受。语言表达如何才能通俗易懂?

俗话说:"话须通俗方传远。"列宁认为,重视经常不断的宣传工作,就应该确切地和全面地制订必须加以通俗化的那些原则。通俗原则要求领导者在表达时,应该做到以下几点:

其一,表达的内容要深入浅出。俄国作家赫尔岑说过:"没有难懂的科学,只有难懂的解释,即不可领会的解释。"说话怎样做到深入浅出呢？

一是，把深奥的道理浅显化。做到这一点的关键是：在用词上，要避免使用晦涩生僻的词语；在表达手法上，要从听话对象熟悉的事物入手。

二是，把复杂的内容简明化。复杂的问题常常是关涉到多方面、多层次的问题。要想让听众听懂这些复杂的问题，有效的方法，就是将这些问题加以归纳梳理，使之具有条理。

三是，把抽象的问题具体化。抽象的内容有时不易为人所理解。但是，如果能将抽象的内容具体化，听众就容易理解了。比喻是将抽象的问题具体化的有效方法。比如，习近平总书记用"鞋子合不合脚，只有穿鞋人自己才知道"，来说明一个国家的发展道路合不合适，只有这个国家的人民最有发言权；

李瑞环同志在讲到工作要分主次、抓重点时，他说："要把所有的事都找出来，分分类，排排队。不加选择，眉毛胡子一把抓，核桃栗子一齐数，其结果必然是螃蟹吃豆腐，吃得不多，抓得挺乱。"

其二，表达形式要平易自然。平易自然的形式不仅有助于内容的准确表达，也便于传递通俗的信息，方便听众理解。说话形式要平易自然，就应该注意以下三点：

一是，不要故作高雅斯文。故作高雅斯文是话风不正的一种表现。事实上，话语是否有分量，并不在装饰，而在内容。故作高雅斯文也是说话者不自信的表现。鲁迅在《而已集·革命文学》中说："唐朝人早就知道，穷措大想做富贵诗，多用些'金'、'玉'、'锦'、'绮'字面，自以为豪华，而不知适见其寒蠢。真会写富贵景象的，有道：'笙歌归院落，灯火下楼台，'全不用这些字。"请读者来看一段故作斯文的句子："审美主体对于作为审美客体的植物的生殖器官的外缘进行观感产生生理上并使之上升为精神上的愉悦感。"

作家苏叔阳曾把这段文字读给诗人流沙河听，结果流沙河没听懂。后来，苏叔阳告诉他，这段话就是说："看花很愉快。"

二是，不要生造乱用词语。随着社会的发展变化，需要创造一些新词来满足社会发展变化的需要。但是新造的词语必须符合汉字构词法的规律，必须建立在人们能够共同理解的基础之上。如果所创造的新词不为大多数人所接受、所理解，那么，这样的词语就是生造的词语，就是不规范的词语。

生造词因其破坏语言规范，是没有生命力的。高尔基称之为"一生下来就死掉了的婴儿。"叶圣陶先生把它们比喻为"私印的假钞"。

生造词也包括滥用缩略语。在语言的使用中，人们为了节省时间，避免语言啰嗦，使用缩略语是很自然的。但使用缩略语并不能犯自由主义，随心所欲地"缩略"词语。缩略词语应该根据语言运用的实际需要，看缩略之后意思是否明确，能否引起歧义。如果不需要、不明确，就不要随意缩略。比如，淮南运输公司简称为"淮运"，就不合适；上海测绘研究所简称为"上测所"也不妥当。因为言虽简，但意思不明确了。

三是，不要造别扭的句子。这里所说的别扭的句子，是指长句子和欧化的句子。长句子和欧化的句子，都不容易听懂。

第五，礼貌原则及其要求。礼貌就是对人尊重。周恩来同志讲："要得到人家尊重，首先要尊重人家。"周恩来同志在接见外宾时，总是自己先到。等中方会见人员都到齐时，再请外宾。

一次，周恩来同志在大会堂会见外宾，外交部礼宾司的同志向周恩来同志汇报，是否要叫外宾。周恩来同志纠正他说，不是"叫"，是"请"。

人是需要尊重的。不管是谁，都需要得到尊重。我们不管跟谁交流，不管是上级、还是下级，还是记者，都需要坚持尊重原则。但有的人跟领导交流能坚持这个原则，而跟下属或其他人交流就放弃了这个原则要求。

事实上，人与人之间交流，70%是态度，30%是内容。态度不对，好的内容也会被扭曲。

其一，态度谦逊。领导者在表达时，应该力求做到态度谦逊和气，热情诚恳，表情自然大方，既不卑躬屈膝，也不趾高气扬。尤其不要低看别人。如果低看了别人，就会目中无人，瞧不起他人，言谈中就会流露出来。流露出来，就会伤害别人，自然就会影响交际交流效果。

要知道："山外青山楼外楼，更有英雄在前头"；"每个人都是一棵开花的树"；"一只已坏不走的表每天也可以对两次"。

其二，倾听认真。神情专注认真是指说话时要耐心地倾听对方讲话，不要轻易打断别人的话头，或心不在焉，要注意给别人说话的机会，不要只顾自己滔滔不绝地讲，而不管别人是否有说话的机会。这是尊重对方的表现。

记得有一位名人说过："上帝给了我们两只耳朵，而只有一张嘴，显然是希望我们多听少说。"这话说得生动风趣，也说得耐人寻味。

有效交流，必须善于倾听。心理学家通过调查得出结论："不为任何赞美词所迷惑的人，也会被专心听他讲话的人所迷惑。"

其三，语调适宜。领导者与人交流，要根据表达的内容和交流的目的，用适宜的语调说话。既不要盛气凌人，粗暴生硬，也不要高喊吼叫，强词夺理。

（三）语言表达艺术的策略与选择

1927年，鲁迅在《无声的中国》一文中写过这样一段话："中国人的性情是总喜欢调和折中的，譬如你说，这屋子太暗，须在这里开一个窗，大家一定不允许的。但如果你主张拆掉屋顶他们就来调和，愿意开窗了。"

鲁迅的这段话形象地说明了语言表达策略选择的重要性。

语言表达有着不同的策略，比如，直言是一种策略，委婉也是一种策略，艺术的表达，就应该知道，该直言时要直言，该委婉时要委婉。

第一，原则与灵活。原则，是指说话或做事所依据的法则或标准。不同世界观的人说话做事有着不同的原则。作为党的领导者，说话做事应具有的原则是：坚持党的路线方针政策，一切以党和国家、人民的利益为重。灵活，是具体问题具体分析，要在不违背原则的条件下，根据不同的情况选择恰当的话语来表达思想。

其一，"原则"语言策略的要求。在领导活动中，作为党的领导者，不论职位高低，言谈吐吐必须遵循党的各项方针政策和国家法律，应在一定的原则限度内去阐述、说明表现其思想意识，而不能以自己的意志为转移，不能超越这些原则限度去随意评价某些人、某些事。用感情代政策，以人言代法律，不能为求一团和气而丧失原则立场。

其二，"灵活"语言策略的要求。我们强调语言表达的原则性，并非要求领导者把它当作僵死的教条来使用。因为在实际工作中，领导者要面对着不同的人，不同的事，不同的活动内容，不同的活动方式。这种种不同，要求领导者能够在原则性的基础上，针对不同的语言环境灵活地表达思想感情，让原则性与灵活性有机地结合起来。该原则时原则，该灵活时灵活。这样，既能适应复杂多变的问题，又能获取最佳的交际效果。

第二，直言与委婉。直言，是有话直说，实话实说，不拐弯抹角，不闪烁其词。委婉与直言相对，它不是直截了当地把心里想说的话说出来，而是用含蓄的话语把自己的意思曲折地表达出来。

其一，"直言"语言策略的要求。语言表达中，运用直言的语言策略能达到言简意赅、简洁明快、一针见血、观点鲜明的效果，但使用时需要注意这样几点：

一是，必须顾忌交际对象和交际场合。如果交际的对方是熟识的人，喜欢直来直去，且所说的话又不犯忌讳，那么，就可以坦诚直言。反之，则要注意改变表达方式。鲁迅在《野草·立论》中谈到这样一件事，说是有个富贵人家在给孩子做满月时，请了几位客人来家，大家瞧了瞧孩子，便开始预测起孩子的未来。有位客人说："这孩子将来是要当官的。"他的话博得众人的称赞，主人也喜上眉梢。另一位客人接着说："这孩子是要发财的。"他的话也受到在场者的颂扬，主人更是乐在心头。随后，又有一位客人说："这孩子将来是要死的。"他的话音刚落，就遭到大家的合力痛打。

谁都明白，说孩子将来能当官发财，其实未必，只不过是客人为讨主人欢心而所说的吉祥的话，尽管如此，但主人爱听；而说孩子将来是要死的，却是必然，任何人都逃脱不了这一自然规律，虽然大家都知道这是句实话，但在吉祥的日子里，喜庆的场合，最忌讳听到"死"这不吉利的字眼，因此，这位实话直说的客人挨打就不足为怪了。

二是，要有真诚坦荡的态度。真诚坦荡的态度是成功直言的基础。这种态度，能让对方感到诚意，感到友善。当你以这种态度直言时，即使你的言语刺激一点，对方也能够理解。

1949年年底，商务印书馆由于经营不善，发不出薪水。董事长张元济先生到上海市政府找陈毅市长，要借20亿元（指旧币，与1955年发行的新币比，新币1元等于旧币1万元），以解燃眉之急。这位八十高龄的老先生，比陈毅父亲年纪还大。陈毅在小学时，就听到过他的大名。但是陈毅认为，这笔钱不能借。可是，怎样拒绝他的请求呢？陈毅稍作沉思，对张先生说道："如果说人民银行没有20个亿，那是骗你的。我不能骗你老前辈。只要我打个电话给人民银行，他们就可以把钱送给你。你老这么大年纪，为了文化事业亲自跑到这里来，理应借给你。但我想，还是不借给你为好。20个亿搞到商务一下子就花掉了。我认为你们还是要从改善经营想办法。不要只搞教科书，可以搞些大众化的年画，搞些适合工农需要的东西。学中华书局的样子。否则，不要说20个亿，200个亿也没用。要你老先生到处借钱度日，我很感动，不过我不能借这个钱，借了是害了你们。"

一般而言，拒绝别人不容易，但陈毅同志的拒绝很容易，也是很成功的。这成功便得益于坦率真诚的态度。这坦率真诚的态度使老人对他产生了信任感。

其二，"委婉"语言策略的要求。语言表达中，使用委婉的语言策略可以让表达者轻松地说出某些不便说、不忍说、不愿说、不能说或不敢说的话语。

比如说批评别人、规劝别人，或给他人尤其是给上级领导提建议的时候，用委婉的语言说出来，效果可能更好些。

劝说别人接受自己的观点，按自己的意愿行事，是颇伤脑筋的，尤其是对老同志或上级，更是如此。有时，你费尽了口舌，却一点用处都没有；弄不好，还可能招致反感。但假如你能适当地运用婉言的话，便会曲径通幽，取得意想不到的效果。少孺子巧谏吴王的故事很能给我们启迪：

春秋时，吴王要攻打楚国，并对身边的大臣们说："谁要是敢劝谏，我就把他处死。"大臣们很害怕，没有人敢进言息兵。有个名叫少孺子的门客准备进谏。但他知道，若是直言相劝的话，必死无疑。于是，他便想了个主意，拿上弹弓，怀揣弹丸，到吴王的后花园里转悠，希望引起吴王的注意。他不顾露水湿透衣裳，一连转了三个早晨。吴王终于看见了他，并问他说："你何苦到这儿来，让露水把衣服都弄湿了？"少孺子听吴王发问，心里很是高兴，暗自说道："看来我这三天功夫没白费，吴王终于开口了。"随之，他便说道："花园里有棵大树，树上有只蝉，蝉在高处悲惋地鸣叫着。它叫累了，就喝点露水，很是得意，但它却不知道有只螳螂正在它的身后；那螳螂弯着身子贴在树枝上，正准备捉蝉，却不知道有只黄雀正在他的附近。那只黄雀伸着脖子，正准备捉螳螂，却不知道拿着弹弓装好了弹丸的人正在树下向它瞄准呢！这三种小动物都只顾得到它们眼前的利益，却不管它们身后有灾祸啊！"吴王听完了这番话，感叹道："说得太好了！"遂放弃了攻打楚国的计划。

少孺子的这番谏言，堪称绝妙。他虽然一字未提对楚国用兵打仗的事，却轻而易举地把别人讲不透也不敢讲的道理说得明明白白。刚愎自用的吴王竟心悦诚服地接受了他的劝谏，真乃奇哉！

另外在外交活动中，委婉语的作用也不可小觑。委婉语不仅能曲折地表达出双方都能理解的信息，而同时又由于没有点破所要表达的实体，所以，遇到麻烦时可以"下台阶"，这就使得表达者的行为更具灵活性，而避免僵局的发生。

比如，在外交活动中，人们常会听到"对这种做法我们表示欣赏"的话语。在这句话中，"欣赏"就是一个委婉语词，它曲折地传达出这样的信息：这种做法还不错，颇有点意思，至于我们想怎样表态，至少是现在还没考虑好；但是我们现在也不反对，不仅不反对，在感情上还多少是同你们站在一边的。

显然，这种说法就很有灵活性，一旦"这种做法"为公众认可，朝好的方向发展了，那么，我们已表示感情上多少同你们站到了一边，对你们还是支持的；一旦这种做法遭到了公众反对，朝坏的方向发展了，那么，我们是没有明确表示赞同，而只是"欣赏"而已，这真是"进可攻，退可守"。

婉言在一定的语境中，确实能起到独特的交际作用，但前提是要用得好，用得恰当才行。因此，有必要对运用婉言提几条要求：

一是，表意要明白。婉言虽是婉转、曲折地表达本意，但仍要求表意要明白，否则，就违背了运用婉言的主旨。因为运用婉言就是为了有效地表达思想、情感，让听者接受。如果你"避讳"得让人家摸不着头脑；"暗示"得让人家糊里糊涂；"烘托"得让人家晕头转向，岂不是等于白费口舌。好的婉言应当隐而不晦，柔而不弱，闪而不避，曲而不涩。

二是，谦和要真诚适度。委婉的语言表达的是说话者谦和的态度，但这种态度必须是真诚而有"度"的。虚假的谦和有滑头之嫌，过度的谦和有肉麻之嫌。因此，在使用婉言时，表达者既要讲究礼貌，又要注意分寸，做到不卑不亢，适可而止。

在人际交往中，有人喜欢直言，有人偏爱婉言，其实，作为语言表达方式，它们各有不同的作用，关键看是如何使用。直路近，曲径幽，婉言直言各有千秋。

第三，明确与模糊。明确，就是说话清晰明白；模糊，是出于语言表达的策略，故意所说的语义模糊的话。

其一，"明确"语言策略的要求。"明确"是领导者最常用的一种语言表达策略。领导者是人民群众的代表，是某一团体或组织的代言人，职责要求领导者说话要确切而不走样，清楚而不含糊，"是"就是"是"，"非"就是"非"，不模棱两可。

其二，"模糊"语言策略的要求。领导者的岗位职责要求其说话明确，但明确也并不等于不能说"模糊语"，有时，模糊语言的用途是明确语言所不能替代的。比如说，遇到不能交底的事，在某些外交活动场所等，模糊语就大有用武之地。

我们说过有时模糊语的作用是明确语所不能替代的，既然是"有时"，那就表示有时明确语的作用也是模糊语所不能替代的。因此，应该根据交际的目的、交际的情景和交际的对象，来选择不同的词语，该明确的明确，该模糊的模糊。

1994年9月，在一次新闻发布会上，有国外媒体记者问外交部新闻发言人陈健："请教发言人，邓小平先生会不会出席十一国庆会？"陈健回答："邓小平同志身体健康，境外媒体那些说法是捏造的。至于邓小平同志是否出席十一国庆会，以及参加哪些国庆活动，我跟你们一样，会在10月1日的报上看到。"

陈健的回答采用的就是明确与模糊相结合的语言策略。

当时，外界传言小平同志的健康出现了问题。陈健用明确的语言通过媒体告诉外界："邓小平同志身体健康，境外媒体那些说法是捏造的。"此时，对这个问题必须使用明确的语言来回答，否则，就更会引起外界的猜疑。

而对小平同志是否出席国庆活动的问题，陈健则采用了模糊的语言策略。对这个问题的回答，采用模糊的语言策略显然非常高明。因为，作为外交部新闻发言人，他在当时的情况下是无法确定小平同志是否出席国庆活动的。

十三、处理复杂问题的方法与艺术

有人曾经问新东方教育科技集团总裁俞敏洪:"有什么特别的东西让你成功?"俞敏洪回答说:"如果有的话,那就是处理复杂问题的能力比较强。"

此言不虚。在新的历史时期,由于社会转型、经济转轨,各种复杂问题蜂拥而至。面对纷至沓来的复杂问题,领导者必须掌握处理它的方法和艺术,才能实施有效的领导,完成历史使命,实现领导目标。

(一) 正确认识复杂的问题

所谓复杂问题,就是头绪繁多而杂乱的问题。处理复杂问题,首先要正确认识复杂问题。在正确认识的基础上,寻求有效的路径来解决复杂问题。

第一,复杂问题并非都是难以解决的。有的人在遇到复杂问题的时候,总是习惯于将它想得很难解决。实际上并不是所有的复杂问题都难以解决。

将问题想得难以解决,会给自身增加心理暗示,从而影响我们解决问题的信心,这无疑会使问题更加复杂,更加难以解决。因此,遇到复杂问题,不要一开始就把它想的难以解决。

第二,难解决的问题并非是复杂问题。有人一遇到难以解决的问题,就认为它是复杂问题。结果,使得简单的问题复杂化。

简单的问题复杂化,容易让解决问题者忽略最容易、最简单的解决问题之道。

第三,复杂问题也有简单的本质。复杂问题虽然头绪繁多而杂乱,但在它复杂性的表层下,其实也有简单性的本质。因此,领导者遇到复杂问题,不仅要看到它的复杂性,看到它的难度,更要看到在它那复杂性的表层下所具有的简单性本质,以及解决的易度。

(二) 抓住复杂问题的本质

什么是本质?《现代汉语词典》解释说:"本质,就是事物本身所固有的、决定事物性质、面貌和发展的根本属性。"

要解决复杂问题,不仅要正确认识复杂问题,还要抓住复杂问题的本质。

第一,牵牛要牵牛鼻子。任何复杂问题都有其本质特征,有其内在规律,抓住了复杂问题的本质,按照客观规律办事,复杂的问题就会迎刃而解了。

这就像汉朝人桓谭在《新论》中所说的:"举网以纲,千目皆张;振裘持领,万毛自整。"

打鱼时,抓住网上的大绳,网眼就张开了;整理皮袄时,抓住领口一抖,毛就理顺了。

处理复杂问题,抓住了复杂问题的本质,就等于抓住了复杂问题的关键。也就像打鱼时抓住了网上的大绳;整理皮袄时抓住了领口。

第二,透过现象把握本质。牵牛要牵牛鼻子。这道理谁都懂。但事物的本质并非像牛鼻子那样,居于表面。

事物的本质是隐蔽的,是通过现象表现出来的。因此,认识事物的本质，必须透过现象，靠人的理性思维去把握，而不能用简单的直观去认识本质。

人们常说，"眼见为实，耳听为虚"。而事实上，眼见不一定为实，耳听也不一定为虚。请看下面的案例：

武则天为妃子时，生了一个女孩。王皇后因为喜欢这个孩子，便经常过来看孩子。

一天，王皇后刚走，武则天为陷害皇后，就趁没人注意，把自己的亲生女儿掐死了。

不久，唐高宗驾到，武则天就假装欢快地与高宗一起打开被子看孩子。

当他们发现孩子死了的时候，武则天就大声地哭闹起来，并厉声问身边的人是怎么回事。身边的人都说："皇后刚刚来过这里。"

高宗一听勃然大怒，认为这孩子是皇后害死的。

皇后刚走，孩子就死了。这是许多人都看见的。但事实上这孩子并不是皇后害死的。

可见，看问题不能被表面现象所左右，而应该透过想象去把握本质。

（三）复杂问题有简单方法

有一位名人说过："复杂的问题，用复杂的解决办法是行不通的；问题愈复杂，解决办法愈是要简单。"这就是说，要学会复杂问题用简单的方法来解决。

第一，学会简单思维。简单思维不是幼稚的、不动脑子的思维，而是指以"简单"为核心的思维方式。它反映的是一种思维的深度和高度。

这种思维能够把复杂的事情从简单的角度看清楚。"治大国若烹小鲜",就是一种简单思维。

第二,把握客观规律。复杂的问题用简单的方法解决,还必须善于把握客观规律。由事物的客观规律入手,是一条解决复杂问题的便捷之道。

任何事物都不是孤立地、静止地、零散地存在的。它们之间有着内在的必然的联系。这种联系不断重复出现,即规律性。譬如,时有春夏秋冬,月有阴晴圆缺。把握了客观规律,也就等于把握了问题的本质。

第三,进行深入的思考。没有简单,就没有复杂。复杂的事情实质上是由简单的事情组成的。因此,面对复杂的问题,要进行深入的思考,看看它是由哪些简单的要素所构成。然后各个击破。当一个个简单的要素被解决掉之后,复杂的问题也就解决了。

第四,复杂问题简单化。"复杂"与"简单"是两个相对的哲学概念。认识这两个概念,应该具有辩证思维。复杂问题解决起来未必就困难,简单问题解决起来也不一定就容易。

因此,面对复杂问题,要学会从简单入手,不要自找复杂。要做的,应该是用什么样的方法去摆脱复杂。

生活中,内心复杂的人们总是习惯于用复杂的思维去思考问题。于是,遇到问题,人们总是习惯于把它想得很复杂,很难解。

事实上,有些问题,并不复杂;即使有的复杂,在它复杂性的表层下,也有着简单性的本质。因此,领导者在面对看似复杂的问题时,不仅要看到它的复杂性,看到它的高难度,更要看到在它那复杂性的表层下所具有的简单性本质,以及解决的易度,要学会简单思考。

这种"简单",并非是把问题简单化,而是揭开问题复杂性的外衣,或者由繁入简,或者删繁就简,直刺问题的本质。

美国首都华盛顿广场的杰斐逊纪念馆大厦,由于年代久远,建筑物表面斑驳陆离,并且出现了许多裂痕。虽然政府采取了很多措施,花费了大量的财力、物力,但依然无法遏制这种状态的发展。

后来,专家经过调查发现:导致这种状况出现的主要原因,是该大厦墙壁每日都要被冲洗,而冲刷墙壁所使用的清洁剂对建筑物有酸蚀作用。

那么,为什么要每天冲洗大厦的墙壁呢?因为大厦每天都要被大量的鸟粪弄脏。为什么这栋大厦有那么多鸟粪?因为大厦周围聚集了特别多的燕子。

燕子之所以聚集在这里,是因为大厦上有很多它们爱吃的蜘蛛;这里的蜘蛛之所以多,是因为这里有它们爱吃的飞虫;这里的飞虫之所以多,是因为这里有特别适宜它们繁殖的温床——阳光下的尘埃。而照射尘埃的阳光是从窗户透射进来的。

因此,飞虫以超常的速度繁殖着,给蜘蛛提供了大量的美餐,于是燕子飞来了……

找到了主要矛盾,复杂的问题也就简单了。问题不复杂,解决之道也就简单了:拉上窗帘,将阳光挡住。①

当年,位于美国加州的圣地亚哥市有一个名叫柯特的老牌大饭店。因为该饭店建筑的年代久远,当时安装的电梯空间狭小,已经无法适应越来越大的客流量。

于是,饭店的老板请来当地著名的建筑师和工程师一道讨论解决问题的方法。建筑师和工程师都一致认为,要加装一部新电梯,而加装新电梯饭店需要停业。老板不愿意停业影响生意。但建筑师和工程师坚持认为,除此之外,别无办法。

这时,一位正在做保洁的饭店清洁工插了一句话:"直接在屋子外

---

① 《深圳商报》,2003年4月23日。

面装上电梯不就行了吗。"

清洁工的话让工程师、建筑师和老板惊诧了：这的确是一个好方法。不久，一部新电梯加装在这家饭店的外墙上。这就是建筑史上的第一部室外观光电梯。

论学识、论技术，清洁工与工程师、建筑师都是不可同日而语的。但有学识、有技术的工程师、建筑师为什么想不出好的办法来？原因就在于他们的常规思维、惯性思维和复杂思维。

有了这几种思维，他们自然就会认为，原先的电梯在楼内，新加装的电梯也理所当然加在楼内。而且，加装电梯，需要破墙开洞；破墙开洞，必然不能营业。

清洁工没有这种思维定势。正因为没有这种定势，他用简单的思维想出了不简单的办法。

十四、培养领导素质,提升领导艺术

领导艺术不是一种单纯的技巧,它是领导者思想、知识、思维、心理等素质的综合体现。鲁迅先生曾经说过:"从喷泉里出来的都是水,从血管里流出来的都是血。"因此,领导者要提升领导艺术,需要用"德馨才茂"的高标准来要求自己。

(一) 读书学习,完善合理的知识结构

荀子云:"学者非必为仕,而仕者必如学。"(荀子《荀子·大略篇第二十七》)这句话的意思是说,学习的人不一定要当领导,而当领导的人则必须学习。领导者不学习,就会本领恐慌,就会变得平庸,自然也就不能具有高超的领导艺术。

庄子云:"水之积也不厚,则其负大舟也无力。"宋代著名思想家朱熹说:"问渠哪得清如许,为有源头活水来。"渊博的文化知识就是负领导艺术这一"大舟"的"水",就是使领导艺术"河渠清如许"的"活水"。

第一,知识是提升领导艺术水平的必备条件。培根在《论人生》中所说:"读书足以怡情,足以长才,读史使人明智,读诗使人聪慧,演算使人精密,哲理使人深刻,道德使人高尚,逻辑使人善辩。"知识是领导者培养领导素

质、提升领导艺术水平的必备条件。

德国的克劳塞维茨在其《战争论》中指出:"人的智力是通过他所接受的知识和思想培养起来的。"的确,离开知识的积累,脱离知识的依托,是谈不上智力的开发,智慧的生成的。领导者也是如此。知识是领导者智慧的源泉。领导者只有具有了广博的知识,具有了合理的知识结构,才能生成无尽的智慧,从而提升领导艺术。

实践证明,领导者所具有的领导艺术水平的高低是与他所掌握的知识成正比的。一般说来,一个人所掌握的知识越多,他对客观事物规律的认识就越深刻,他的领导艺术水平就会越高。

第二,合理的知识结构是提升领导艺术的关键环节。所谓知识结构,是指一个人的知识构成状况。它是各类知识在人的头脑中按照一定比例形成的能够产生整体功能的有机组合。结构决定功能,具有不同知识结构的人,会有不同的功能,能够完成不同性质的工作。

作为领导者,其领导活动的性质和领导工作的特点,决定着他的知识结构不同于一般的人。

领导活动涉及政治、经济、军事、外交、文化、教育、卫生等各个领域。哪个领域的问题处理不当,都会给领导工作带来影响。

领导工作关涉到上级、同僚、下属、群众、媒体等各个方面。哪个方面的关系协调不好,都会给领导工作带来制约。

由于领导活动涉及各个领域、领导工作关涉到各个方面,所以领导者就要"博闻多知"。既要明政治,又要懂经济;既要知天文,又要懂地理。概括而言,领导者合理的知识结构包含以下的内容:

其一,政治理论知识。领导者要讲政治,讲政治就必须学习政治理论知识。这些政治理论知识包括马克思主义的基本理论,党的各项方针政策,等等。

其二,专业业务知识。领导者要确保自己成为真正的内行领导,就必须认真学习和掌握精深的专业业务知识。只有这样，才能正确认识本行业的特点，才能正确把握本行业发展变化的规律，并根据本行业的特点和发展变化的规律，做出正确的决策。否则，以其昏昏，是不能使人昭昭的。

其三，领导专业知识。现实的社会，规模庞大，因素众多，结构复杂，这无疑对领导者提出了更高的要求。现代的领导者如果仅凭以往的领导经验来进行领导，不仅不能适应时代的要求，也是不能实现有效领导的。

实践中，一些领导者决策失误、用人失察，工作效率不高，其中很重要的原因之一，就是缺乏领导专业知识。因此，领导者要想成为领导的内行，必须掌握娴熟的领导专业知识。

领导专业知识的核心是领导科学。领导科学是一门研究领导工作的特有矛盾和规律的一门学问。掌握领导科学知识，能使领导者更好地把握领导规律和领导方法，提升领导工作能力和领导艺术水平。

其四，法律法规知识。建设法治国家，领导者必须具有法治思维和法治能力。2013年2月23日，习近平总书记在中共中央政治局第四次集体学习时强调："各级领导机关和领导干部要提高运用法治思维和法治方式的能力，努力以法治凝聚改革共识、规范发展行为、促进矛盾化解、保障社会和谐。"而要强化法治思维，提高法治能力，就需要学习法律法规知识。

其五，科学文化知识。领导活动是一项具有复杂性、综合性特点的社会实践活动。领导活动的这一特点，决定了领导者必须具有广博的自然科学和社会科学的知识，才能有效地、成功地驾驭领导工作。正如列宁所说的，只有用全人类的科学文化知识武装自己，才能成为一个共产主义者。

除此之外，领导者还应该广泛地猎取历史、文学、地理、法律、逻辑、心理学等社会科学知识，掌握数学、系统论、计算机等自然科学知识。

这些知识能开阔领导者的视野，增厚领导者的文化底蕴，提升领导者的思维创造能力，为提升领导艺术打下良好的基础。

第三，合理的知识结构源于读书、实践积累。有意识、有目的地构建合理的知识结构，应该是领导者自我完善的一项重要目标。因为知识虽然是领导艺术提升的基础，但杂乱无章的知识是很难发挥作用的。而且世界知识浩瀚，领导者即使竭尽毕生之精力，也无法将它们全部统摄进自己的头脑。因此，领导者应该根据自己工作的需要，有选择地摄取知识，构建合理的知识结构。

其一，读书学习是重要路径。构建合理的知识结构，离不开读书学习这一途径。领导者应该培养一种主动求知的读书学习习惯。

领导者通过读书学习来构建合理的知识结构，必须掌握正确的读书学习方法。

一是，要尽可能地博览群书。"书到用时方恨少。"只有博览群书，才能广泛地吸取到各种知识素养，运用时方能取舍自由，游刃有余，左右逢源。对此，古今学者有相同的见解。

南北朝著名文论家刘勰说："夫经典沉深，载籍浩瀚，实群言之奥区，而才思之神皋也。扬、班之下，莫不取资，任力耕耨，纵意渔猎，操刀能割，必列膏腴。是以将瞻才力，务在博见。狐腋非一皮能温，鸡跖必数千而饱矣。"（《文心雕龙·事类》）

刘勰认为，思想精深的经典，内容博大的古籍，实在是各家学说的总汇，是他们才思的渊薮。扬雄、班固等人，没有不从里面吸取滋养，任意渔猎的。他们拿起刀子就知道怎样取舍，必然会把肥肉割取下来。这说明了要丰富自己的才力，一定要尽可能地博览群书。狐腋不是一张就能保暖，鸡爪子要几千只才能吃饱。积累学识在于广博。

当代著名思想家鲁迅先生则言:"必须如蜜蜂一样,采过许多花,这才能酿出蜜来,倘若叮在一处,所得就非常有限,枯燥了。"(《致颜黎民信》)总而言之,一句话:"长袖善舞,多财善贾"。

二是,要尽量做到熟读精思。宋代著名思想家朱熹曾经说过这样一段话:"大抵观书须先熟读,使其言皆若出于吾之口;继以精思,使其意皆若出于吾之心,然后可以有得尔。"(《朱子大全·读书之要》)

朱熹的这段话的意思是说,要把书本上的知识化为自己的思想,必须在熟读精思上下功夫。囫囵吞枣似的读书,读了等于没读。只有熟读,才能理解得深透,记得扎实;只有精思,才能融会贯通。

三是,要做到不动笔墨不读书。所谓"不动笔墨不读书",是说读书时要做笔记。我国清代著名学者章学诚对做读书笔记的重要性有过生动的比喻。他说:"札记之功,必不可少;如不札记,则无穷妙绪,皆如雨珠落大海矣!"(《章氏遗书》)

章学诚的话是有道理的。常言道:"好记性不如烂笔头"。脑子再好,也有忘记的时候。养成读书学习做笔记的好习惯是非常必要的。马克思为写《资本论》这部划时代的理论巨著,曾经读过1500多种书,并一一做了读书摘要。仅在1861—1863年这两年间,他在大英博物馆摘记的材料,就写满了23个笔记本。

(二)严以修身,培养高尚的道德品质

唐代著名书法家柳公权说:"心正笔则正。"鲁迅先生说:"美术家固然有精熟的技工,但尤须有进步的思想与高尚的人格。他的制作,表面上是一张画或一个雕像,其实是他的思想与人格的表现。"

领导艺术也是如此。心正则行为正。领导者只有具有高尚的道德品质,才能真正提升领导艺术水平。而培养高尚的道德品质,关键要严以修身。

修身，就是修养身心，是指个人思想品德、人格方面的修炼、养成和提升。

第一，修身，是中华民族文化的优良传统。历览前贤，无不看重培养高尚道德的"修身"行为。

孔子有"吾日三省吾身"之说；我国古代的哲人、封建士大夫亦将"修身"与"齐家、治国、平天下"看得同样重要。比如说，曾国藩。

曾国藩被人称为"晚清中兴第一名臣"。青年时代的毛泽东还曾经说过："吾于近人，独服曾文正。"

曾国藩作为传统社会的一介儒生，如何能做到"晚清中兴第一名"，并且仕途上总是步步高升，得以成为后世景仰的善始善终人物？这跟他注重自身修养有着重要的关系。他的"日课十二条"等，就足以体现他的道德修养状态。

"日课十二条"，是曾国藩的修身理论和修身方法。所谓"日课十二条"：

一、主静：无事时整齐严肃，心如止水；应事时专一不杂，心无旁骛。

二、静坐：每日须静坐，体验静极生阳来复之仁心，正位凝命，如鼎之镇。

三、早起：黎明即起，绝不恋床。

四、读书不二：书未看完，绝不翻看其他，每日须读十页。

五、读史：每日至少读二十三史十页，即使有事亦不间断。

六、谨言：出言谨慎，时时以"祸从口出"为念。

七、养气：气藏丹田，修身养性。

八、保身：节劳节欲节饮食，随时将自己当作养病之人。

九、日知其所亡：每日记下茶余偶谈一篇，分为德行门、学问门、经济门、艺术门。

十、月无忘所能：每月作诗文数首，不可一味耽搁，否则最易溺心丧志。

十一、作字：早饭后习字半小时，凡笔墨应酬，皆作为功课看待，绝不留待次日。

十二、夜不出门：临功疲神，切戒切戒！

曾国藩一生严于治军、治家、修身，实践了立功、立言、立德的封建士大夫的最高追求，被视为道德修养的楷模。不可否认，曾国藩的成才成功源于他的自身修养。

第二，党的领导者要严以修身。修身不仅要"修"，更要"严"。而且，党员领导者的修身与古人的"修身"是有区别的。党员领导者的严以修身，就是要加强党性修养，坚定理想信念，提升道德境界，追求高尚情操，自觉远离低级趣味，自觉抵制歪风邪气。周恩来同志正是因为他的严以修身而被世人称为道德楷模。

1976年1月8日，周恩来同志去世了。噩耗传出，中华大地有亿万人侍立在寒风中痛哭。当时，80高龄的胡厥文老人写了一首《悼念周恩来总理》的五言诗："庸才我不死，俊杰尔先亡。恨不以身代，凄然为国伤"。

中国著名作家冰心晚年说："周恩来总理是我国二十世纪的十亿人民心目中的第一位完人。"

在周恩来同志100周年诞辰时，著名学者梁衡撰文，评价他有惊人之"六无"：死不留灰，生而无后，官而不显，党而不私，劳而不怨，去不留言。

周恩来为什么能具有能影响世界的人格魅力？他的自我修养准则给出了答案：

1943年3月18日（农历二月十三日），是周恩来同志的45岁生日。同志们特地做了几道简单的菜，准备晚上为他祝寿。周恩来知道后坚持不出席，只让厨房煮了碗面作为纪念。就在这一天的晚上，他在自己的办公室，以更严格的党性标准剖析自己、反省自己、要求自己。结合整风实际，他写下了著名的《我的修养要则》：

一、加紧学习，抓住中心，宁精勿杂，宁专勿多。

二、努力工作，要有计划，有重点，有条理。

三、习作合一，要注意时间、空间和条件，使之配合适当，要注意检讨和整理，要有发现和创造。

四、要与自己的他人的一切不正确的思想意识作原则上坚决的斗争。

五、适当的发扬自己的长处，具体地纠正自己的短处。

六、永远不与群众隔离，向群众学习，并帮助他们。过集体生活，注意调研，遵守纪律。

七、健全自己身体，保持合理的规律生活，这是自我修养的物质基础。

这些要则，是周恩来同志一生自我修养的准则。[①]

（三）善于思考，确立科学的思维方式

思维是人类所特有的一种精神活动。它是在表象、概念的基础上进行分析、综合、判断、推理等认识活动的过程。科学的思维方式有助于领导者正确分析形势、预测未来；有助于领导者从错综复杂的环境中做出正确的决策，提升领导艺术。

第一，系统思考。系统思考，简单说来，就是以全局、整体的眼光来考虑问题的一种思考方式。它是一种"既见树木，又见森林"的艺术。

---

① 《周恩来选集》上卷第125页，人民出版社1980年12月版。

领导者有了这种思维方式,才能善于从系统上把握事物的性质和运动规律;从事物的系统效应中分析事物,从而找到解决问题的方法。而不是只见树木,不见森林;只重视局部,而忽视整体。

人们思考问题,如果抓不住整体的联系,就会纠缠在一个接着一个的矛盾之中。

整体思考,要求领导者在解决问题时,要从整体上去分析,发现个别事物与其他事物之间的联系,从而使复杂的问题简单化。问题简单化了,就很容易解决了。沈括所著的《梦溪笔谈·权智》中记载的一段历史故事,就是整体思考解决问题的经典案例。

宋大中祥符年间(公元1008—1016年),皇宫因为发生火灾而被毁。皇上命令大臣丁谓(公元926—1033年)来主持皇宫的重建事宜。

重建皇宫,需要沙土,外地的石料、木材等也需要运送到工地,被烧坏的皇宫瓦砾也需要处理。

怎样解决这三大难题?丁谓命令工匠们从皇宫前的大街上挖沟取沙土。没有几天的时间,大街的道路被挖成了大沟。丁谓又让人把汴河水引入大沟。随后,重建皇宫需要的石料、木材等从各地源源不断地通过这一沟渠运到了宫门口。皇宫修复后,丁谓又让工匠们把废弃的瓦砾填进沟里,重新修成了街道。

沈括对这件事情评论说:"一举而三役济,省费以亿万计。"丁谓用系统思维做了一件事情而完成了三项任务,节省的费用数以万计。

第二,动态思考。动态思考,就是要用发展的、变化的观点来看问题。

按照系统论的观点,世界上的一切事物,都是在发展变化的,运动和变化是永恒的,"静止"是相对的。世界上唯一不变的,就是变。

用动态的思维方式来思考问题,才能探求到事物的发展变化规律,从而找出解决问题的方法。因此,当领导者在工作中遇到难以解决的问题，而用静态的思维解决不了时，不妨用动态的思维来解决。例如：

某剧场邀请三位著名演员同台演出。他们接受了剧场的邀请，但同时提出了同样的一个要求，即在海报上把自己的名字排在前面，否则，他们将退出演出。

剧场经理经过思考，答应了他们的要求。到演出的那一天，三位演员到剧场一看，非常满意。

原来，海报不是一般的纸面形式，而是一个不断转动的大灯笼，三个演员的名字都写在灯笼上，三个名字转圈出现，谁都可以说自己的名字排在前面，于是，三位演员皆大欢喜地参加了演出。

第三，辩证思考。辩证思考，是指能够用发展变化的、事物普遍联系的和一分为二的观点来认识事物的一种思考方式。李瑞环的《辩证法随谈》处处充满着辩证的思考。比如：

"中国的小勺多，你别看小，锅再大也经不起捞。"

"国与国之间，关系好了什么都好，闹僵了什么都别扭，这也和人与人之间的关系一样，情绪可以影响看法。一对男女热恋，女的说，你不嫌我胖么？男的说，胖好，杨贵妃就胖。后来夫妻失和了，男的说，看你胖得像头猪，真讨厌！"

"中国是个大国，能不能保持现在这样的前进势头，我看危险不是慢，而是乱。自己不生'病'，别人是打不倒的。"

参考书目

1. 周殿富：《领袖政治学》，吉林人民出版社，2007 年 11 月版。
2. 尼克松：《领导者》，尤勰、张企程等译，世界知识出版社，1983 年 10 月版。
3. 田广清：《古代治国方略》，四川大学出版社，1996 年 8 月版。
4. 田广清：《中国领导思想史》，九州出版社，2003 年 5 月版。
5. 刘玉瑛：《提升领导能力 40 法》，中央党校出版社，2004 年版。
6. 刘玉瑛：《给领导干部提个醒》，新华出版社，2010 年 6 月版。
7. 王裕华：《领导艺术与科学管理大观》，北京工业大学出版社，1992 年版。
8. 于保政：《领导的资本》，中国物资出版社，2004 年 10 月版。
9. 冀衡：《生存的优势》，中国商业出版社，2002 年版。